Alfred Beermann & Rita Lüder

Die kleine Hexe Duftnäschen

Ein Naturmärchenbuch

Zeichnungen
Rita Lüder

EchinoMedia

Die Deutsche Bibliothek - CIP Einheitsaufnahme

ein Titelsatz für diese Publikation ist bei der
Deutschen Bibliothek erhältlich

Verlag Dr. Kerstin Ramm, Bürgel
Untere Zense 36, 07616 Bürgel, Tel.: 03 66 92/3 55 78, Fax: 03 66 92/3 55 7
e-Mail: kerstin.ramm@freenet.de
www.echinomedia.de
2. Auflage

ISBN 3-9807629-1-2

Inhaltsverzeichnis

Vorwort

Bei der Vielfalt der Wertvorstellungen in unserem Leben hat sich für mich ein Wert als besonders beständig und erstrebenswert gezeigt, den ich durch meine Eltern schon früh vermittelt bekommen habe: Es ist die Liebe zur Natur.

Wer einmal eine blühende Wiese in einer Waldlichtung erlebt hat, wird dieses beglückende Erlebnis nie wieder vergessen. Der Duft der Bäume und Blumen ist hier besonders intensiv zu spüren, denn der umgebende Wald schirmt den Wind ab und schafft dadurch eine Oase, in der die Sonne ihre wärmende Kraft voll entfalten kann. Wenn dann noch ein Bach da ist, der vielen Bewohnern als Tränke und Lebensraum dient, dann wünschen wir uns, diesen Ort des Glücks niemals wieder zu verlassen.

So einen wunderbaren Ort hat mein Vater in diesem Naturmärchen lebendig werden lassen. Dort lebt die winzige Hexe Duftnäschen. Sie erlebt packende Abenteuer mit vielen Überraschungen. Da hierbei von der ersten bis zur letzten Seite der Blick auch in die feinen Details der Pflanzen- und Tierwelt gelenkt wird, hat es mir besondere Freude bereitet, die naturgetreuen Bilder zu diesen Geschichten zu zeichnen. Wer sich stärker in die Geheimnisse der Natur vertiefen möchte, für den ist das Hexenlatein, die Hexenwerkstatt und die Hexenküche eine Fundgrube. Hier werden zahlreiche Anregungen zum eigenen Naturerleben gegeben.

Duftnäschen wurde auch aus dem Wunsch heraus geschaffen, Eltern und Kindern die Möglichkeit zu geben, Ruhe und Besinnlichkeit in ihre Beziehung zu bringen. Egal, ob die Eltern die Geschichten vorlesen oder ob sie von älteren Sprösslingen selbst gelesen werden: Alle Erlebnisse führen an die Natur heran und können die Grundlage für Gespräche und Ausflüge bilden.

Der Wille, in Harmonie mit anderen Kreaturen zu leben und im Einklang mit der Natur ein zufriedenes Leben zu führen, kann durch Duftnäschen gestärkt und gefördert werden. Die kleine Hexe geht hierbei immer wieder mit gutem Beispiel voran und schlichtet zahlreiche Streitigkeiten. So erleben die Kinder, dass ein friedliches Zusammenleben der vielen Menschen auf unserem Planeten nur durch Kompromissbereitschaft möglich wird.

Rita Lüder

Hexenkalender

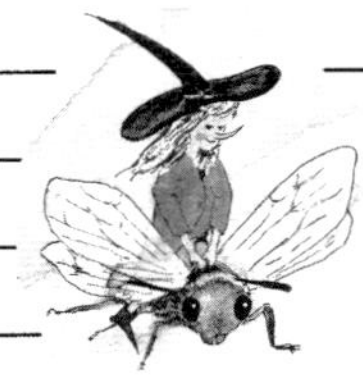
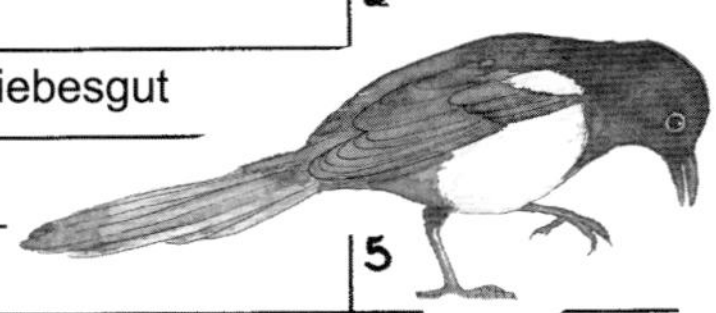

Mai	Juni	Juli
1 Abschied	1	1
2	2	2
3	3 Picapica findet Diebesgut	
4	4	
5	5	5
6	6 Aufregung im Wald	6
7 Versammlung	7	7
8 Gewitter	8	8
9	9	9
10 Hubertus muss niesen	10 Vollmond	10
11 Vollmond	11 Ein Brief von Wuschelhaar	11 (Abnehmender Mond
12	12	12 (Eselsbrücke: "Klammer auf")
13	13	13
14	14	14
15 Geburtstag		15
16		16 Geb. Bonbonbon
17		17
18		18
19	19	19
20 Dammbau der Biber	20	20) Zunehmender Mond
21	21 Mittsommernachtsfest	21 (Eselsbrücke: "Klammer zu")
22 Umzug der Hummeln	22	22
23	23	23
24 Baumfällen	24	24
25 Umzug Duftnäschen	25	
26	26	
27	27	
28	28	
29	29	
30	30	
31		

Die kleine Hexe Duftnäschen

Es begann auf einer wunderschönen Wiese am Rande eines großen Bergsees. In einer von den Murmeltieren verlassenen Höhle lebte die kleine Hexe Bonbonbon[*1] mit ihren drei Töchtern Blütenduft, Morgenröte und Duftnäschen[*1]. Die drei Schwestern waren alle so klitzeklein, dass sie mit den Käfern, Bienen, Hummeln, Schmetterlingen zwischen den bunten Blumen und Gräsern spielen konnten. An schönen Sommertagen, wenn die kleinen Hexen ihre luftigen, gelben und blauen Seidenkleidchen angezogen hatten, musste man schon sehr genau hinschauen, um sie von den hübschen Schmetterlingen zu unterscheiden.

Manchmal ritten alle drei Sprösslinge auf dem Rücken einer summenden Biene oder einer brummenden Hummel. Sie besuchten dann mit ihren lebenden Flugzeugen die allerschönsten Blüten und sammelten genauso wie die fleißigen Insekten Nektar und Pollen, aus denen ihre Mutter die köstlichsten Gerichte zubereiten konnte. Ganz ausgelassen vor Freude steckten sie ihre spitzen Näslein tief in die hübschen Glockenblümchen oder in blaue, duftende Enzianblüten. Weil sie so klitzeklein waren verschwand dann oft mit dem Kopf der ganze Körper zwischen den zarten Blütenblättern.

Obwohl sich die drei kleinen Hexenkinder so wie ein Ei dem anderen glichen, waren sie dem Wesen nach sehr unterschiedlich, und manchmal konnte man kaum glauben, dass sie wirklich Geschwister waren.

In der letzten Zeit zankten sie sich sogar häufiger, und es wurde nun wohl endlich Zeit, dass sie lernten, auf eigenen Füßen zu stehen. Und so geschah es eines Tages, als alle gemütlich am Frühstückstisch zusammensaßen, dass die Mutter Bonbonbon zu den drei kleinen Hexen sagte: „Nun seid ihr schon über hundert Jahre alt. Bislang habt ihr immer nur hier bei mir gelebt und von der großen, weiten Welt noch nicht viel gesehen. Außerdem wird es nun auch Zeit, dass ihr richtig erwachsen werdet. Dazu gehört es, dass ihr Erfahrungen sammelt und lernt, eigene Entscheidungen zu treffen. Es ist ein alter Brauch, dass alle kleinen Hexen, bevor sie eine Familie gründen können, lernen müssen, für sich zu leben. Sie müssen sich eine Zeit lang den Wind um die Nase wehen lassen.“

Sie schaute in die ernsten Gesichter ihrer drei Töchter: „Ich habe euch ja nun schon so viele Zaubersprüche gelehrt, dass ihr von nun an ganz bestimmt auch ohne mich zurecht kommt.“
„Dürfen wir denn gar nicht mehr zusammen spielen?“, fragte Duftnäschen, die Jüngste der kleinen Hexen. „Ihr solltet die nächsten Tage dafür nutzen, euch von euren Freunden zu verabschieden. Packt euch ein Säcklein, in dem die wichtigsten Sachen sind, die ihr für eure Zukunft braucht. Die weite Welt erwartet euch.
Wenn ihr dann einige Zeit fort wart, wünsche ich mir, dass ihr mich ab und zu besuchen kommt, vielleicht zum Muttertag oder zu meinem Geburtstag. Und immer, wenn ihr nicht mehr weiter wisst, steigt ihr bei Vollmond um Mitternacht in einen Hexenring[*2] aus Pilzen.
Dort können wir uns dann für kurze Zeit treffen und uns miteinander unterhalten.“
Sie schaute ernst von einer Tochter zur anderen und

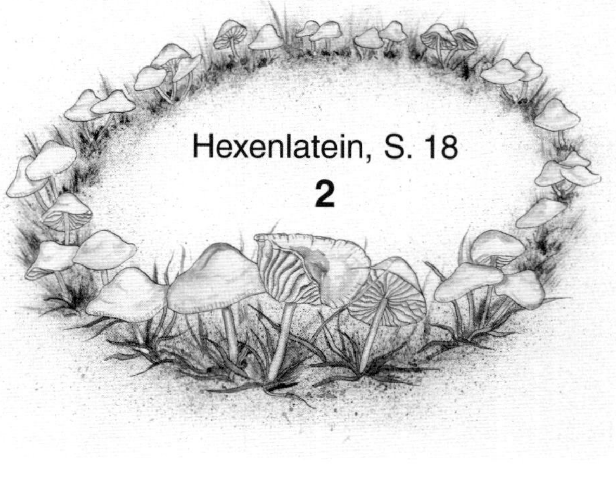

fuhr dann fort: “Wenn ihr zaubert, denkt bitte daran, dass die anderen es möglichst nicht merken. Ihr werdet sonst durch die vielen Wünsche, ihnen alles zu zaubern, was ihnen gerade in den Kopf kommt, eure Freunde verlieren und keinen Spaß mehr mit ihnen haben. Die einen wollen, dass es in Strömen regnet, die anderen wollen zur selben Zeit einen blauen Himmel mit Sonnenschein. Manche wünschen sich sogar, dass der Blitz beim Nachbarn einschlägt, weil sie es nicht ertragen, dass er zufrieden und glücklich lebt.“ Die drei Töchter nickten verständnisvoll und versprachen, ihre Zauberkünste so unauffällig wie nur möglich zu gebrauchen.

Der Abschied von den Bergen

So geschah es, dass ein paar Tage später die drei kleinen Hexen mit einem Rucksack auf dem Rücken vor der kleinen Höhle standen und auf ihre „Flugzeuge“ warteten, die sie in die unbekannte Welt bringen sollten. Am Tag davor hatten sie mit allen Bekannten aus der Nachbarschaft Abschied gefeiert. Besonders den Söhnen des Bergzwerges Obertaler wollte es so gar nicht in den Kopf, dass die hübschen drei Hexlein ganz aus der Gegend wegziehen sollten. Man hatte im Tal schon länger davon getuschelt, dass eine der drei kleinen Hexen eines Tages einen Obertaler heiraten würde. Besonders Duftnäschen und der lustige Wuschelhaar hatten schon häufig zusammen getanzt, und alle Bekannten in der Nachbarschaft hatten schon lange auf die Verlobung der beiden gewartet. Dazu war es nun zu spät. Die beiden wussten nicht einmal, ob sie sich jemals wiedersehen würden.

Nachdem die Mutter ihre drei Töchter noch einmal fest in ihre Arme genommen und ihnen allen „Lebewohl“ gesagt hatte, stieg als erste die älteste Tochter auf einen kräftigen Maikäfer und die mittlere auf eine Honig-

biene. Duftnäschen, die Jüngste der drei Auswanderer, setzte sich auf eine dicke, haarige Hummel.
Bei allen Hexlein sah man, wie leise dicke Tränen auf den Wangen hinunterkullerten, denn ein Abschied von der Heimat tut sehr, sehr weh. Dann hörte man ein lautes Summen und Brummen, das von den kräftigen Flügeln der großen Insekten stammte. Schon kurze Zeit später hatte der Fahrtwind die Bäckchen wieder getrocknet. Da alle drei Schwestern in verschiedene Richtungen davonflogen, hatten sie sich bald aus den Augen verloren. Aber sie mussten jetzt ja sowieso mehr auf den eigenen Weg achten.
„Sag mal, Stummel, wohin willst du mich denn bringen?", fragte Duftnäschen ihre dicke, dicht behaarte Begleiterin. Sie hatte bemerkt, dass sie sich von den großen Bergen fortbewegten und mit großer Geschwindigkeit in Richtung Flachland flogen. „Ich möchte mit dir meine Verwandten besuchen, die etwa zwei Tagesreisen von hier entfernt wohnen. Bei denen kannst du fürs erste unterkommen. Auf jeden Fall können wir beide ein paar Tage dableiben. Ich war schon einmal dort, und ich finde deshalb auch alleine wieder zurück."
Es war ein herrlicher Flug, und beide genossen die wunderschöne Aussicht. Es ging über Wälder und Felder, Bäche, Flüsse und Wiesen. Ab und zu waren so liebliche, unbekannte Düfte in der Luft, dass Duftnäschen vor lauter Begeisterung ihre Ärmchen hoch in die Luft streckte. Beinahe wäre sie dabei vom Rücken der Hummel heruntergepurzelt. Alle paar Stunden machte Stummel eine kleine Rast und landete auf blühenden Blumen. Beide tranken Nektar, aßen Pollen und atmeten den süßen Duft der Wiesen tief ein. Trotzdem waren sie am Nachmittag des zweiten Reisetages hundemüde, als sie endlich bei den Verwandten ankamen.

Zu Gast bei der Hummelkönigin Regina Bombus*3

Aber für‘s Schlafen war natürlich keine Zeit. Aufgeregt kamen alle Mitglieder der Hummelfamilie herbeigeeilt, um die beiden Neuankömmlinge zu begrüßen. Nur ganz wenige fehlten, aber die waren wirklich nicht abkömmlich und gingen gerade einer noch wichtigeren Beschäftigung nach.

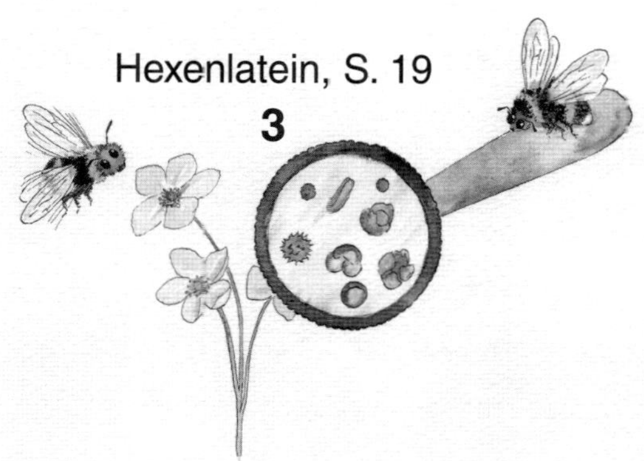

Wie ein Lauffeuer verbreitete sich die Nachricht, dass ihre Cousine Stummel aus den Bergen eine kleine Freundin mitgebracht hatte, die wie ein Mensch aussah. Regina*3, die Königin der Hummeln, ließ es sich nicht nehmen, ihre Nichte Stummel und Duftnäschen persönlich willkommen zu heißen: „Im Namen der Familie Bombus*3 möchte ich euch einen angenehmen Aufenthalt bieten. Nachdem Teresa und Bambelbi*4 euch eure Gästezimmer gezeigt haben, werden wir zusammen bei Nektar, Honig und Pollenkuchen*4 eure Ankunft feiern.

Polli und Hanni*4, ihr beide werdet den Grillen Bescheid sagen, dass wir für unser Fest ein paar Musikanten brauchen, und auch alle Arbeitshummeln haben für heute abend frei.

Als Gastgeschenk überreichte Duftnäschen der Königin ein Kügelchen Edelweißpollen, das sie wunderschön in einem Blütenblättchen aus blauem Enzian eingepackt hatte. Dann zeigte Teresa Duftnäschen das Gästezimmer, und beide merkten sofort, dass sie sich mochten. Teresa sagte der kleinen Hexe: „Ich möchte nachher bei der Feier neben dir sitzen, du hast doch sicher nichts dagegen? Ich bin mächtig neugierig, was du mir alles erzählen wirst."

Zur Feier des Tages hatte sich die Königin sogar ihre Krone aufgesetzt. Einige neugierige Zaungäste hatten sich eingefunden. Sie alle wurden von den gastfreundlichen Hummeln zur Begrüßungsfeier mit eingeladen. So kam es, dass Duftnäschen gleich am ersten Abend viele Nachbarn der Hummelfamilie kennen lernte. Pieksi*7 hatte mit einigen Schmetterlingen eine Flugschau organisiert und Bambelbi sorgte dafür, dass fünf Glühwürmchen am Abend die Beleuchtung übernahmen. Das schöne, warme Wetter machte die Grillen so munter, dass man ihre Musik noch spät am Abend hören konnte. Es war schon fast Mitternacht, als endlich alle Gäste ihren verdienten Schlaf bekamen.

Am nächsten Tag erkundete die kleine Hexe zusammen mit Teresa und Bambelbi die Gegend. Ein Bächlein plätscherte am Rande der malerischen Waldwiese, an die im Süden eine Heidelandschaft mit Wacholder- und Ginsterbüschen angrenzte.

Im Nordosten schmückten drei große Kastanienbäume den Waldrand. Als die drei weiter in den Wald hinein flogen, entdeckte Duftnäschen unter einer Gruppe von Lärchenbäumen etwas, was sie kaum erwartet hatte. Ein großer Hexenring aus kräftigen, leuchtendgelben Goldröhrlingen*5 schmückte den Waldboden. Aufgeregt fragte sie die beiden Hummeln: „Gibt es hier viele

Pilze, und kennt ihr vielleicht noch mehr Hexenringe in den Wäldern?"
Teresa antwortete etwas verwundert: „Auf Pilze achten wir eigentlich gar nicht, und so tief in den Wald hinein fliegen wir auch nur selten. Ich glaube aber, dass ich in der Nähe unserer Erdhöhle auf der Wiese solch einen Ring aus Pilzen gesehen habe. Man kann ihn leicht finden, denn dort sind die Blumen und das Gras besonders kräftig gewachsen." Duftnäschen bat die beiden, auf dem Rückweg an dieser Stelle eine kleine Rast zu machen. Im Gegensatz zu den Hummeln konnte die kleine Hexe Pilze für verschiedene Zwecke gut gebrauchen. Dass sie gerade auch an Hexenringen großes Interesse hatte, erzählte sie aber nicht. Sie dachte dabei an die Worte ihrer Mutter, und insgeheim freute sie sich schon auf die nächste Vollmondnacht.
Als die drei am Abend wieder bei den Bombussen zu Hause ankamen, wollten natürlich alle Hummeln wissen, wie es ihrem Gast in der neuen Heimat gefallen hatte. Regina, die Königin, fragte Duftnäschen nach ihren Plänen für die Zukunft: „Meine Nichte Stummel hat mir erzählt, dass sie morgen wieder in die Berge zurück muss. Du aber brauchst ein neues Zuhause. Solange du möchtest, kannst du natürlich noch bei uns wohnen. Aber vielleicht willst du ja auch weiterziehen, weil dir die Gegend hier nicht gefällt."

Duftnäschens neue Wohnung

Was sie in der nächsten Zukunft machen wollte, stand für die kleine Hexe nach dem heutigen Tag aber schon fest. Sie antwortete deshalb, als hätte sie diesen Plan schon lange im Kopf gehabt: „Eine so wunderschöne Waldwiese mit so vielen Blumen und einem Bach, in dessen Nähe sogar Orchideen wachsen, habe ich mir schon lange gewünscht.

Ich danke euch ganz herzlich für eure Gastfreundschaft und dass ihr so lieb zu mir seid. Ich möchte sehr gerne hier bleiben, und ich werde mich morgen sofort auf die Suche machen, um eine Wohnung für mich zu finden. Am liebsten wäre mir eine leere Mausehöhle in eurer Nachbarschaft."
Die anderen Hummeln hatten so nett mit ihrer Cousine Stummel gespielt und sich über alles Mögliche unterhalten, dass sie am nächsten Morgen alle mit Tränen in den Augen von ihr Abschied nahmen.
Nach dem Frühstück flog Duftnäschen auf den Schultern der Hummel Teresa in der näheren Umgebung umher, um nach einer neuen Bleibe Ausschau zu halten.
Die kleine Hexe hatte sich vorsorglich aus ihrem Rucksack eine Mischung aus feinen Pilzsporen, Latschenkiefernpollen, Storchenschnabelsamen und Salbeiduft mitgenommen.
Beide flogen fröhlich und vergnügt über der Wiese auf und ab und Teresa sagte: „Es ist so schön, daß du bei uns bleiben willst, mit dir macht das Leben richtig Spaß. Ich möchte, dass du Resa zu mir sagst, und vielleicht hast du ja auch einen Namen, den du besonders gerne hörst?" „Wenn dir der Name nicht zu albern klingt, dann sag´ bitte Dufti zu mir, weil ich so gerne schöne Düfte rieche", antworte Duftnäschen gerührt.
Als beide ganz dicht an einem Hexenring aus Nelkenschwindlingen*4 vorbeikamen, streute Duftnäschen unauffällig die mitgebrachte Zaubermischung in die Luft. Dann fasste sie sich an die Nase, drückte sanft ihre Nasenflügel und sagte leise:

„Latschenkiefer, Storchenschnabelpollen,
zeigt mir von der Maus den Stollen!
Pilzes Sporen, Düfte vom Salbei,
macht die Wohnung für mich frei!"

Plötzlich rief Resa ganz aufgeregt: „Sieh mal, Dufti, das Loch da. Es sieht aus wie eine unbewohnte Mausehöhle, die sollten wir uns beide einmal ansehen!" Und wirklich fanden sie eine Mäusewohnung, die erst vor kurzem verlassenen worden war und für die kleine Hexe „wie gemacht" zu sein schien. „Die Höhle werde ich renovieren und so einrichten, dass ich mich darin wohlfühle und ihr mich gern besuchen kommt. Und gleich am nächsten Morgen begannen die kleine Hexe und die neugewonnenen Freunde damit, den zurückgelassenen Müll aus der Höhle zu schaffen und zunächst einmal das Nötigste für Duftnäschens Einrichtung zu besorgen: Blätter und zarte Grashalme für das Bett, duftende Blütenblätter für das Kopfkissen, Watte vom Pappelsamen für die Zudecke usw., usw. Die Mäuse hatten eine Menge leerer Nussschalen zurückgelassen, die sich jetzt hervorragend für alle möglichen Gefäße eigneten. Die Walnussschalen verwandelten sich schnell in Waschbecken und Wasserbehälter, die von den Mäusen säuberlich aufgenagten Haselnüsse wurden zu Vorratsgefäßen für Nektar, Pollen, Samenkörner und Pilzsporen. Am Abend konnte man kaum noch glauben, dass hier jemals wer anders gewohnt hatte. Als die kleine Hexe zufrieden im neuen Bett eingeschlafen war, träumte sie von Resa und Bambelbi, ihren neuen, lieben Freundinnen.

Als Duftnäschen am nächsten Morgen das erste Mal a lein vor ihrer Wohnung im Sonnenschein frühstückte, kamen prompt viele neugierige Besucher. Sie alle wollten wissen, wer denn in der Mausehöhle eingezogen war. Unter den Käfern, Ameisen, Grillen, Schmetterlingen und Tausendfüßlern hatte es sich schnell herumgesprochen, dass ein neuer, noch niemals zuvor gesehener Wiesenbewohner da war. So ein merkwürdiges, winziges Wesen, das wie ein Mensch aussah, wollten alle Tiere aus der Nähe sehen. So geschah es, dass die Mäuse, Hamster, Kaninchen, Hasen, Rehe und sogar die Wildschweine kamen, um sich bei der kleinen Hexe vorzustellen.

Die meisten neuen Nachbarn gingen nach einem kurzen Begrüßungsgespräch wieder ihrer normalen Arbeit nach, die ja gewöhnlich aus der Suche nach leckerer Nahrung bestand. Einige Besucher glaubten aber auch, dass es sich um ein Wunder handeln müsse. Wenn eine so kleine Person zu ihnen gekommen war, dann hatte das bestimmt einen Grund. Sie glaubten fest daran, dass diese kleine Gestalt aus den Bergen auch Wunder bewirken konnte.

Die Hasen, Rehe und Wildschweine erzählten der kleinen Hexe, dass sie sich kaum zu ihr hergetraut hätten. Am Rande der Wiese wären zwei Jägerstühle, und wenn sie nicht höllisch aufpassten, würde der Jäger sie mit seiner Flinte abschießen. Heute war der Weidmann aber allem Anschein nach nicht da. Die Tiere hofften nun, die neue Nachbarin hätte eine Lösung parat, wie man dieser Gefahr begegnen könne.

Die kleine Hexe machte ihnen Mut und sagte: „Ich werde darüber nachdenken und mich wieder bei euch melden. Wir haben doch sicherlich Eichelhäher*6 und Spechte hier im Wald. Auch die anderen Vögel würde ich gerne einmal kennen lernen.

Suche folgende Pflanzen und Tiere auf dem bunten Bild.
Sie heißen:

1 Apollofalter
2 Alpenaster
3 (gelber) Alpenklatschmohn
4 Silberwurz
5 Glockenblume
6 Enzian
7 Kopfhornschröter
8 ein Marienkäfer - genau heißt er: *Thea vigintiduopunctata*
9 Ameise

1

2

Wenn du im Hexenring stehst, kannst du dir etwas wünschen - es geht bestimmt in Erfüllung!

3

Regina (= lat. Königin) ist die Königin der Familie Bombus (von *Bombus terrestris* = lat. Erdhummel).
Die Hummeln ernähren sich von Pollen und Nektar.
Pollen ist der Blütenstaub, er ist besonders nahrhaft.
Als Nektar wird ein Zuckersaft aus den Blüten der Pflanzen bezeichnet.

Teresa Bombus
“Resa”

Bambelbi Bombus:
Aussprache von “Bumble-bee“, dem engl. Namen für Hummel

Der Pollensammelapparat an den Beinen wird als “Körbchen” bezeichnet.

Der “Trompeter“ fächelt Frischluft in das Hummelnest. Dabei macht er ziemlich viel Lärm, vielleicht hat er deshalb diesen Namen bekommen.

1000-fach vergrößert sieht man fast unendlich viele verschiedene Pollenformen bei den einzelnen Blumen.

4

Weitere Mitglieder der Hummelfamilie:

Hanni
wird wie “honey”, das englische Wort für Honig, ausgesprochen.

5

Goldröhrling (*Boletus elegans*): Unter Lärchen wachsender, goldgelber Pilz.
Er ist essbar, besitzt einen gelben Schwamm und gelbes Fleisch (siehe auch Hexenküche).

6

Hannes Schwarzbart ist ein Eichelhäher.
Sieh´ ihn dir an, dann erkennst du, warum er seinen Namen erhielt.
Eichelhäher sind sehr wachsam und warnen mit ihren lauten Rufen die Waldtiere vor Gefahr.

Am besten treffen wir uns morgen nachmittag um vier Uhr alle bei den drei großen Kastanien, wo ich mich allen Bewohnern dieser Gegend vorstellen möchte. Vielleicht finden wir dann ja auch eine Lösung für unsere gemeinsamen Probleme.“ Und dann fügte sie fröhlich hinzu: „Wenn es nur ein Jäger ist, mit dem ihr alle Sorgen habt, dann werden wir schon einen Ausweg finden.“
Am Nachmittag machte die kleine Hexe noch einen Spaziergang zur Höhle der Hummeln. Sie wollte ihre Freundin Resa darum bitten, sie am nächsten Tag zu den Kastanien zu bringen.
Außerdem sollten möglichst viele Hummeln noch eine Runde fliegen, um alle Tiere der Gegend zum Treffen am nächsten Tag einzuladen. Auf dem Rückweg zu ihrem neuen Zuhause war Duftnäschen richtig glücklich darüber, dass sie so schnell eine passende Wohnung gefunden hatte. Wahrscheinlich konnte sie auch etwas für die Tiere ihrer neuen Heimat tun. Sie hatte da so eine Idee, wie man mit der Bedrohung durch den Jäger fertig werden könnte.

Die Versammlung bei den großen Kastanien

Eine so große Versammlung mit so vielen verschiedenen Tieren hatte es auf der ganzen Welt bestimmt noch niemals gegeben, sieht man einmal von der Arche Noah ab, als alle Tierarten vor der Sintflut gerettet werden mussten.
Es war ein höllisches Durcheinander. Die kleine Hexe hatte große Mühe, sich bei allen Anwesenden verständlich zu machen. Gott sei Dank hatten ein paar große Spinnen das vorher geahnt und aus Kastanienblättern und kräftigen Spinnfäden einen großen Trichter gebastelt. Diesen hatten sie an einem Ast über der Wiese so befestigt, dass er sich genau vor Duftnäschens Sitzplatz befand.

Durch dieses Sprachrohr tönte nun ihre Stimme laut und kräftig:
„Liebe Tiere dieser wunderschönen Gegend. Ich freue mich, dass ich bei euch wohnen darf und dass ihr alle erschienen seid, um mich kennen zu lernen. Ich komme von sehr, sehr weit her. Dort sind die Berge so hoch, dass sogar im Sommer noch Schnee auf ihnen liegt. Aber da ich dort schon über hundert Jahre gelebt habe, wurde es für mich Zeit, etwas mehr von der Welt zu sehen.“ Ein Tuscheln ging durch die Zuhörer, denn so alt war von ihnen ganz gewiss noch niemand geworden, obwohl viele gar nicht wussten, wie alt sie selber waren.
Als wieder alle mucksmäuschenstill waren, sprach die kleine Hexe weiter: „Ich glaube, dass wir alle gemeinsam am besten auskommen, wenn wir zusammenhalten und uns gegenseitig helfen. Einige von euch haben mir schon von euren Sorgen und Ängsten wegen des Jägers berichtet. Ich habe mir über Nacht einen Plan überlegt, wie wir mit diesem Störenfried fertig werden. Vielleicht schaffen wir es sogar, dass er eines Tages unser Freund wird.
Und nun hört bitte gut zu. Immer, wenn der Jäger in den Wald kommt, meldet dies jeder, der ihn sieht, unseren Spechten und den Eichelhähern. Die Eichelhäher haben eine so laute Stimme, dass sie alle Tiere mit ihren Rufen warnen können. Noch weiter hört man das Trommeln der Spechte. Aber damit wir es vom Trommeln bei ihrer normalen Arbeit unterscheiden können, brauchen wir ein Signal, das wir uns alle merken müssen: Dreimal kurz, dreimal lang und noch einmal dreimal kurz. Dieses Morsezeichen heißt SOS*[7] und bedeutet, dass für einige Tiere Lebensgefahr besteht.“

Alle Anwesenden staunten nun doch mächtig, dass so ein kleines Wesen solch schlaue Einfälle hatte. Duftnäschen bat dann einen der Spechte, einmal kräftig SOS zu trommeln, damit alle das Zeichen kennen lernten. Martius*[7], der große Schwarzspecht mit dem roten Fleck auf dem Kopf, freute sich so sehr über die lauten Beifallsrufe und das langanhaltende Klatschen, dass er sofort eine Zugabe gab. Noch dreimal musste er das Notsignal wiederholen. Dieses „Tak tak tak, drrrrrrt drrrrrrt drrrrrrt, tak tak tak" würde nach dieser beeindruckenden Vorstellung bestimmt niemand mehr vergessen.

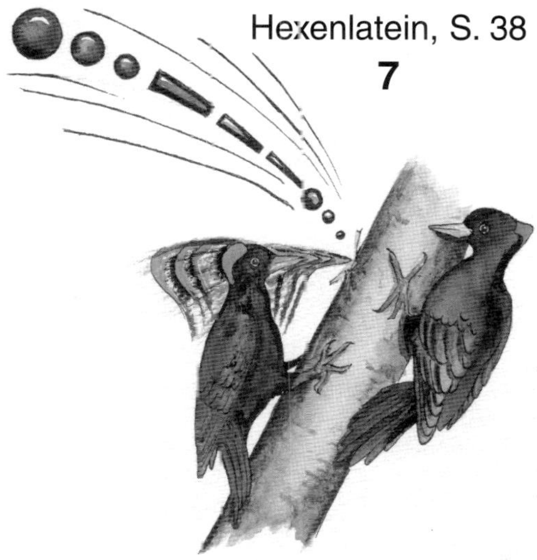

Hexenlatein, S. 38
7

Die kleine Hexe erklärte allen Zuhörern das weitere Vorgehen: „Ich werde dann mit einigen Hummeln so schnell wie möglich dem Jäger entgegenfliegen und ihm ein besonderes Pulver vor die Nase streuen, so dass er vor lauter Niesen nicht mehr schießen kann und ihm bald die Lust am Jagen vergehen wird." Sie machte eine Pause und wechselte dann das Thema: "Ich habe außerdem aus den Bergen eine Menge seltener Heilkräuter und Pollen mitgebracht, die bei vielen Krankheiten und Verletzungen helfen. Gebt mir bitte Nachricht, wenn ihr Hilfe braucht. Ich habe meine neue Wohnung ganz in der Nähe der Familie Bombus. Wenn ihr sehr krank seid und der Weg zu mir deshalb zu anstrengend und weit ist, wird mich meine Freundin Teresa Bombus zu euch bringen."
Nach diesen Worten waren alle sehr gerührt. Als etwas später Teresa mit Duftnäschen auf ihrem Rücken zum Abschied noch eine Runde über den versammelten Tieren flog und beide winkend „auf Wiedersehen, bis bald" riefen, freute sich jeder, eine so liebe neue Nachbarin zu haben.

„Dufti," sagte Teresa, als sie an der Wohnung angekommen waren, „hast du wirklich ein Pulver, das den Jäger zum Niesen bringt, wenn wir es ihm vor die Nase streuen? Und glaubst du wirklich, dass er dann nicht mehr schießen kann?"
„Gut, dass du mich daran erinnerst. Ich mache noch heute ein paar kleine Beutelchen mit dem richtigen Pollengemisch fertig, damit auch einige von euch es immer bei sich tragen können. Leider ist nicht mehr sehr viel von dem Pulver da. Demnächst muss ich unbedingt neue Pollenkörner sammeln, damit wir im Notfall immer genug davon haben. Dabei kannst du mir dann bestimmt helfen. Außerdem handelt es sich bei dem Rest um Pollen aus den Bergen, der hier vielleicht nicht ganz so gut wirkt. Na, ja, wir werden es ja sehen."
Duftnäschen huschte flink in ihre Wohnung und überreichte nach einer kurzen Weile ihrer Freundin zwei kleine Beutelchen aus feiner Seide, in die sie das Pollengemisch gefüllt hatte. „Einer ist für dich und einer für Bambelbi. Wenn Not am Mann ist, werdet ihr sie gut gebrauchen können. Einen Beutel habe ich natürlich auch noch für mich selber." Sie verabschiedeten sich voneinander, und die kleine Hexe verbrachte den restlichen Abend damit, ihre Wohnung zu verschönern und von außen wetterfest zu machen, denn man konnte ja nie wissen...
Als Duftnäschen alles fertig hatte, setzte sie sich zufrieden vor den Eingang ihres neuen Heims und schaute in den Sternenhimmel. Sie dachte an Wuschelhaar Obertaler. Ob der sie wohl ein wenig vermissen würde? Leise sang sie dann ein Lied, das sie vor vielen Jahren zusammen in der Schule gelernt hatten:

Laue Lüfte säuseln lieblich um mein Haar,
und süße Düfte dringen zärtlich in mein Näschen.
Ich fühle mich so frei, dem Himmel seltsam nah
und grüße alle Nachbarn, Mäuslein wie auch Häschen.

Ein paar Glühwürmchen kamen neugierig herbei, und die Grillen in der Nachbarschaft schienen die Melodie schon einmal gehört zu haben, denn sie begleiteten Duftnäschen, als hätten sie schon immer zusammen musiziert.

Ein schlimmes Gewitter

Am nächsten Tag war es schon morgens sehr schwül. Die kleinen Insekten, die bei dieser Wärme erst richtig munter und aktiv wurden, krabbelten und flogen hurtig hin und her. Auch die Hummeln, Bienen und Schmetterlinge besuchten emsiger als sonst die blühenden Wiesenblumen, und auf den Blüten einer großen Distel neben Duftnäschens Wohnung herrschte Hochbetrieb.
Nur den großen Tieren des Waldes machte die drückende Luft zu schaffen. Sie blieben müde im Dickicht oder am Waldrand im Schatten der Bäume, fast waren sie zu träge, sich ihre Nahrung zu suchen. Am Nachmittag wurde es dann sehr schnell dunkler und dunkler. Dichte Wolken hatten sich vor die Sonne geschoben und schon bald war aus dem fernen Grummeln ein kräftiges, bedrohliches Donnern geworden.

Und dann ging auf einmal alles sehr schnell. Blitz und Donner waren so nahe beieinander, dass man nicht mehr zählen musste, um die Entfernung des Unwetters zu bestimmen*[8]. Es regnete so stark, dass sich das abfließende Wasser schnell zu reißenden Strudeln vereinigte. Viele Käfer, Ameisen und Schmetterlinge riss es mit sich fort zum Bach. Es krachte und

Hexenlatein, S. 38
8

blitzte unaufhörlich. Selbst die Gewitter in den Bergen, bei denen man den Donner hundertfach von den Bergwänden als Echo hören konnte, waren für Duftnäschen niemals so schlimm gewesen. Als dann nach einer halben Stunde alles wieder wie ein Spuk vorüber war, gab es für alle Bewohner der Gegend eine Menge zu tun.

Die kleine Hexe wusste gar nicht, wo sie anfangen sollte, den vielen Opfern des Unwetters zu helfen. Vom Walde her hörte man deutlich, wie ein Specht „SOS“ trommelte, und obwohl keiner an einen Besuch des Jägers glaubte, kamen die beiden Hummeln Bambelbi und Teresa, um Duftnäschen für einen Einsatz gegen den Weidmann abzuholen.

Ihre Pollensäckchen hatten sie sich umgeschnallt und auf ging es, dem vermeintlichen Feind das Schießen abzugewöhnen. Als sie jedoch nach kurzer Zeit beim Trommler ankamen, war vom Jäger weit und breit nichts zu sehen.

Der Schwarzspecht Martius Wudpecker flog aufgeregt zum Boden, um der kleinen Hexe den Grund seines Notrufs zu zeigen. Seine liebe Frau Picusine kauerte hilflos zwischen den nassen Grasbüscheln am Boden und stöhnte leise. Der Blitz hatte in die große Buche eingeschlagen, und ein abgesplitterter Ast hatte einen Flügel so arg getroffen, dass ihn die arme Spechtfrau nicht mehr bewegen konnte. Sie hatte starke Schmerzen und hoffte nun, dass ihr Duftnäschen helfen könnte.

Die kleine Hexe sah sich den Flügel behutsam an. Dann bat sie Bambelbi, zu den drei Kastanien zu fliegen. Von dort sollte sie ein Blütenblatt der Mohnblumen und so viel Pollen holen, wie sie tragen konnte. Teresa flog mit Duftnäschen zum Waldrand, von wo sie Salbeinektar holten. Danach flogen sie noch kurz zur Wohnung der kleinen Hexe, um ein spezielles Pulver zu besorgen. Die kleine Hexe bewahrte es dort für besondere Anlässe in einem kleinen Behälter aus Bleikristall auf.

Als sie wieder bei der unglücklichen Spechtfrau Picusine ankamen, hörten sie die jungen Spechtkinder kläglich rufen. Sie waren hungrig und verlangten deshalb laut nach Nahrung. Der verzweifelte Vater Martius flog kopflos zwischen seiner Frau und der Höhle hin und her. Gott sei Dank war den kleinen Spechten in dem Nest, das sich oben in dem vom Blitz getroffenen Baum befand, nichts weiter passiert. Picusine wurde nun endlich ärztlich versorgt. Die kleine Hexe vermischte dazu die von Bambelbi geholten Zutaten vom Mohn mit dem Nektar der Salbeiblüten und legte alles zusammen auf Picusines kranken Flügel. Dann vermengte sie das Pulver aus dem Bleikristalldöschen mit dem Mohnpollen und gab dies der verletzten Picusine in den Schnabel, dabei fasste sie sich an ihre Nasenspitze und sagte leise:

Mohnpollen und Nektar vom Salbei,
macht den Flügel schmerzensfrei.
Blütenblatt und eingefang'ner Tau
macht gesund vom Specht die Frau.

Dann streichelte sie der Kranken zart über den roten Fleck auf ihrem Kopf und sagte: „Wir müssen jetzt weiter, weil noch mehr Tiere in Not sind. Bleib bitte noch ein Weilchen hier sitzen, du wirst schon merken, wann du wieder fliegen kannst." Zu ihrem Mann Martius fügte sie hinzu: „Ein, zwei Tage musst du die Nahrungsbeschaffung für eure Kinder allein übernehmen, danach wird dir deine Frau wieder helfen können."

Die Bekanntschaft mit Nati Natrix*9

Gleich darauf flogen die beiden Hummeln Resa und Bambelbi mit der kleinen Hexe zum Bach. Dort versuchten immer noch viele Schmetterlinge, Käfer und Ameisen verzweifelt, das sichere Ufer zu erreichen. Einige hatten sich auf kleine, im Wasser schwimmende Äste oder Blätter gerettet und warteten, dass diese ans Ufer gespült wurden. Die Strömung war aber durch den heftigen Regen sehr stark, und viele der kleinen Insekten hatten kaum noch Kraft, sich über Wasser zu halten.

Guter Rat war teuer, doch dann hatte die kleine Hexe eine Idee: „Jeder, der mich hört, soll schnell zu mir kommen. Ich bin hier am Ufer im Schilf. Ich bitte euch, den Ertrinkenden zu helfen. Ruft bitte zuerst die Ringelnattern zu mir.

Dann sagt den größeren Vögeln, dass sie in der Nähe der Verunglückten kleine, trockene Zweige aufs Wasser fallen lassen, die sie sonst zum Nestbau benutzen. Daran können sich die kräftigeren Käfer und Spinnen für eine Weile festhalten."

Schon kamen die ersten Ringelnattern verwundert zum Ufer geschwommen. Sie waren nicht bei der Versammlung bei den Kastanien dabei gewesen und kannten deshalb die kleine Hexe noch nicht. „Was willst du Winzling von uns," fragte eine über einen Meter lange Schlange. Duftnäschen antwortete: „Ich weiß, dass die Ringelnattern im Gegensatz zu vielen Giftschlangen sehr hilfsbereit sind, deshalb habe ich euch gerufen. Ich bin neu hier in der Gegend und heiße Duftnäschen. Ihr könnt heute mal eure Geschicklichkeit und Hilfsbereitschaft unter Beweis stellen. Die meisten Tiere denken nämlich, dass ihr gefährlich und böse seid. Und genau das könnt ihr heute einmal widerlegen."

Die große, stolze Schlange antwortete: „Dass wir von der Familie Natrix*[9] anders sind als die giftigen Ottern und Klapperschlangen, das werden wir gerne zeigen. Sag uns, was wir tun sollen." Bei diesen Worten kringelte sich die Schlange mit dem Hinterteil zusammen, und stolz reckte sie dann den Kopf und den Hals weit nach oben. So konnte Duftnäschen die hübschen, gelben Halbmonde hinter den „Ohren" besonders gut sehen.

Duftnäschen gab den Schlangen genaue Anweisungen: „Ihr seid geschickt genug, die Schmetterlinge, Ameisen und Käfer auf eurem Rücken behutsam ans Ufer zu bringen. Außerdem könnt ihr die Äste

Hexenlatein, S. 38

9

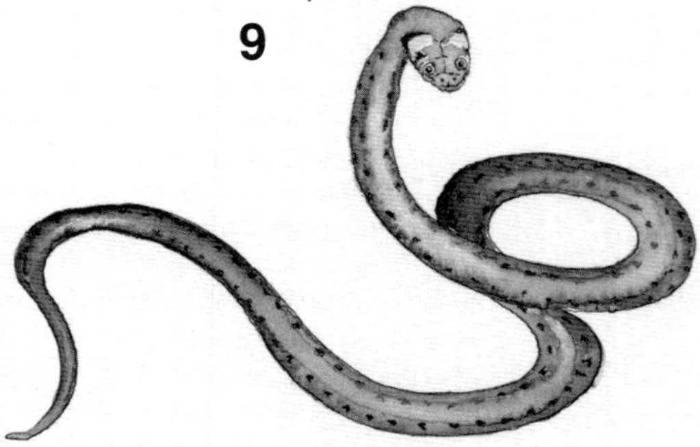

und Zweiglein, auf die sich mancher gerettet hat, zwischen die Zähne nehmen und an Land bringen.

Normalerweise kümmert sich ja leider niemand um diese armen, kleinen Geschöpfe. Ich hoffe jedoch, dass wir in dieser Gegend in Zukunft alle füreinander da sein werden."

Duftnäschen hatte bei den Ringelnattern genau die richtigen Worte gefunden, denn gleich nach dem Hinweis auf ihre Hilfsbereitschaft und Geschicklichkeit glitten die Schlangen ins Wasser und begannen mit der Rettungsaktion. Es war noch keine halbe Stunde vergangen, als eine Ringelnatter nach der anderen zur kleinen Hexe ans Ufer kam, weil niemand mehr zu retten war. Unbemerkt waren während der Rettungsaktion viele neugierige Tiere ans Ufer gekommen. Diese staunten nun nicht schlecht, dass ausgerechnet die sonst von allen gefürchteten Schlangen so eine Heldentat vollbracht hatten.

Als die größte Ringelnatter dann wieder vor Duftnäschen Platz genommen hatte, waren alle gespannt darauf, was sie wohl zu sagen hatte. Mit hoch erhobenem Kopf ergriff die stolze Schlange das Wort und nur das Plätschern des Baches störte ihre Rede. Keiner der Zuhörer wagte es, auch nur einen Mucks zu sagen.

„Ich bin Nati Natrix und hier in dieser Gegend die älteste Ringelnatter. So ein kleines, unscheinbares Wesen hat uns heute gezeigt, dass wir alle auf die Hilfe anderer angewiesen sind und dass jeder helfen kann. Auch diejenigen an die man am wenigsten denkt. Außerdem sind wir uns heute alle ein gutes Stück näher gekommen. Wir sollten alle Duftnäschen dafür danken und sie dreimal hochleben lassen."

Dann drehte sie ihren Körper zu ihrer Sippe und dirigierte mit ihrem Schwanz die wedelnde Menge, die gemeinsam rief: „Sie lebe hoch!" Und dann noch zweimal, „sie lebe hoch, sie lebe hoch!" Die beiden letzten Male hatten alle Tiere in der Runde mit eingestimmt, und als dann die ganze Gesellschaft auch noch kräftig klatschte, schossen Duftnäschen vor Rührung Tränen in die Augen. Sie war in diesem Moment richtig glücklich, in einer so lieben Nachbarschaft eine neue Heimat gefunden zu haben.

Die kleine Hexe schämte sich ihrer Tränen nicht. Nachdem sie sich etwas gefasst hatte, sagte sie: „Liebe Tiere, das größte Glück ist es, wenn man anderen helfen kann. Trotzdem wünsche ich mir, dass wir uns auch dann gut vertragen, wenn niemand in Not ist.

Ich bedanke mich im Namen aller, die heute Hilfe brauchten und gerettet wurden. Wir wollen alle hoffen, dass ein so schlimmes Unwetter nicht so schnell wiederkommt. Morgen scheint bestimmt wieder die Sonne und in ein paar Tagen werden wir die meisten Schäden behoben haben."

Resa und Bambelbi waren glücklich, die kleine Hexe zur Freundin zu haben. Bambelbi sagte zu Resa, dass sie es sehr gerne hätte, wenn Duftnäschen heute mal auf ihrem Rücken fliegen könnte.

Gerettet, und doch ganz traurig

Als Duftnäschen am nächsten Morgen einen Spaziergang machte, lockte sie der Duft von Maiglöckchen und Veilchen zum nahen Waldrand. Ein paar Zitronenfalter*[10] begleiteten die kleine Hexe. Sie tanzten fröhlich in der Luft, und einer von ihnen flog ganz dicht zu ihr und rief: „Hallo, Duftnäschen, ich heiße Narzissenblättchen, und ich möchte mich herzlich bei dir bedanken. Die große Schlange hat mich gestern gerettet, und nun kann ich wieder mit meinen Geschwistern spielen und tanzen. Falls wir dir einmal helfen können, findest du uns bei den großen Disteln am Bach."

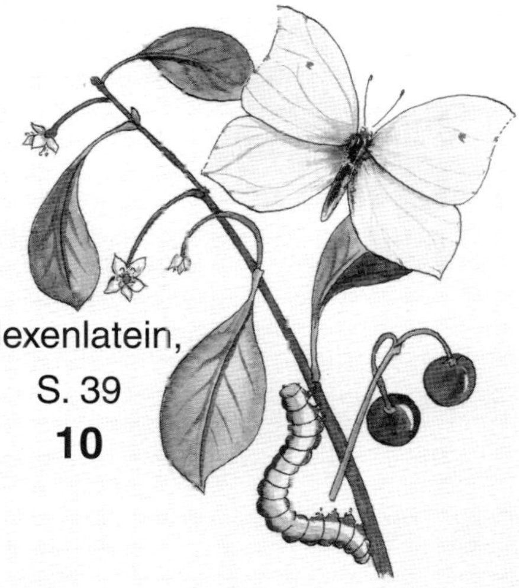

Hexenlatein,
S. 39
10

Dann flatterten die gelben Schmetterlinge wieder ausgelassen von Blüte zu Blüte und tranken den süßen Nektar.
Die Amsel Merle*[11] begrüßte sie mit einer wunderschönen Melodie. Die Veilchen dufteten durch den starken Regen am Vortage noch lieblicher als sonst. Duftnäschen sammelte fleißig Pollenkörner und Blütenblätter. Manchmal, wenn sie ein Maiglöckchen anstieß, schaukelten die zarten Glöckchen hin und her. Man konnte sich einbilden, dass dabei ein leises Läuten ertönte.

Dann hörte die kleine Hexe hinter einigen Tannenzapfen ein eigentümliches Gemurmel und leises Wimmern. Sie ging hin und schaute nach. Da entdeckte sie eine Gruppe von unglücklichen Waldameisen. Sie wurden nach dem Unwetter zwar aus dem Bach gerettet, hatten aber ihr Zuhause nicht wiedergefunden. Die armen Tiere waren die ganze Zeit orientierungslos unter den großen Bäumen umhergeirrt.
Wenn sie sich sonst einmal weiter von ihrem großen Ameisenhügel entfernten, hatten sie sich immer Markierungen auf dem Hinweg gemacht, so dass sie leicht und sicher zurückfanden. Aber dazu hatten sie beim Gewitter natürlich keine Möglichkeit. Nun saßen sie erschöpft da und wussten nicht weiter.
Duftnäschen hatte beim Erkundungsflug mit Resa den großen Ameisenhügel gesehen und wusste deshalb, in welcher Richtung der große Haufen aus Kiefern- und Fichtennadeln zu suchen war. Dort wohnten die Angehörigen der Ameisen und machten sich sicherlich schon Sorgen. Duftnäschen bat Merle, für eine gute Stunde zur Fichte neben dem Zuhause der Ameisen zu fliegen. Dort sollte die Amsel laut und kräftig ihr Lied singen. Die Gruppe brauchte dann nur in der Richtung zu wandern, aus der die Ameisen den Gesang der Amsel hörten.
„Ich werde so schnell wie möglich mein Körbchen nach Hause schaffen und dann eine der Hummeln bitten, mit mir zu euch zu fliegen.
Gleich darauf hörte man aus einiger Entfernung die Stimme der Amsel. Erleichtert und voller Zuversicht machte sich die kleine Ameisen-Gruppe auf den Weg. Duftnäschen beeilte sich, die Pollenkörner und Blütenblätter nach Hause zu bringen.
Dann lief sie hurtig zu den Bombussen. Bambelbi und Teresa waren aber nicht da. Darüber schien sich Hanni zu freuen, denn fröhlich sagte sie: „Ich weiß auch, wo die Waldameisen wohnen. Wir haben von dort schon häufig Honigtau*[12] geholt. Den benötigen wir nämlich für die Zubereitung unseres Tannenhonigs. Wenn du möchtest, können wir beide sofort losfliegen.“

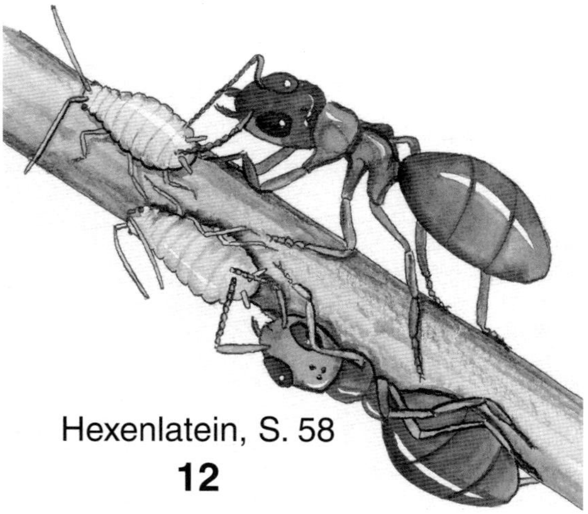

Hexenlatein, S. 58
12

Wenige Minuten später landeten Hanni und die kleine Hexe neben Merle, die immer noch singend auf die Verirrten wartete. Es dauerte noch eine ganze Weile, bis der kleine Trupp erschöpft aber sehr glücklich bei der großen Fichte ankam. Endlich konnten die Verschollenen ihre lieben Familienmitglieder begrüßen. Voller Dankbarkeit versprachen die Ameisen Merle und Duftnäschen, dass sie ihnen auch sofort helfen würden, wenn mal „Not am Mann" sei.

Sie betonten stolz, dass sie zwar klein wären, aber immerhin das Siebenfache ihres eigenen Körpergewichts heben und tragen könnten.

Beim Verabschieden erzählte die kleine Hexe den Ameisen noch, dass sie in ein paar Tagen Geburtstag feiern möchte und sich über ein kleines Fässchen Ameisensäure*[13] freuen würde, denn damit könne man sehr gut Gelenkschmerzen und Rheuma heilen. Falls mal jemand mit diesen Beschwerden zu ihr käme, könne sie dann besser helfen.

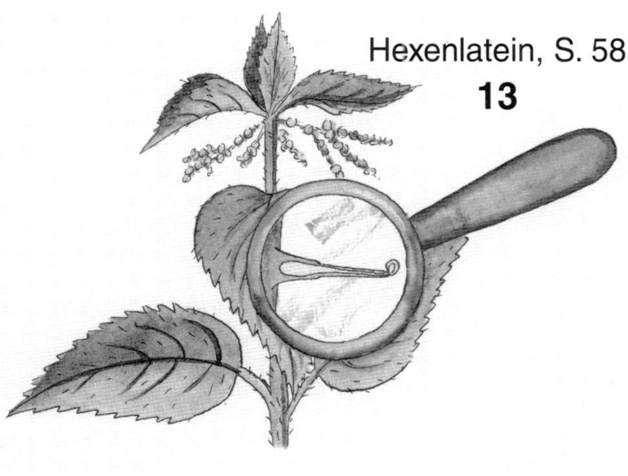

Hexenlatein, S. 58
13

Nach dieser gelungenen Rettung flog Hanni mit ihrer Begleiterin zurück zur Wiese, und auch Merle hörte man kurze Zeit später wieder von ihrem alten Platz aus die schönsten Frühlingslieder singen.

Ein Jäger muss schrecklich niesen

Bereits am nächsten Tag konnte Duftnäschen ihr Spezialpülverchen ausprobieren. Schon sehr früh am Morgen hörte sie den SOS-Ruf des Schwarzspechtes. Dabei hatte sie sich für diesen Tag etwas ganz Besonderes vorgenommen: Sie wollte sehen, wie das Licht der Morgensonne von den unzähligen Tautropfen am Gras und an den Fäden des Spinnennetzes in der großen Distel eingefangen wird. Es war ein wunderschönes Funkeln und Glitzern, als hätte jemand Tausende von Brillianten und Rubinen auf der Wiese ausgeschüttet. Dafür musste sie früh aufstehen, noch bevor die wärmenden Sonnenstrahlen Tröpfchen für Tröpfchen getrunken hatten.
Doch nun holte sie schnell ihr kleines Seidensäckchen mit dem vorbereiteten Pülverchen aus ihrer Wohnung und wartete auf Teresa und Bambelbi. Das Trommeln des Spechtes hatte alle Waldbewohner aufgerüttelt. Bambelbi war als erste wachgeworden und hatte Teresa geweckt. Die beiden Hummeln waren noch recht müde, und in der Eile hätten sie beinahe ihre Beutelchen vergessen. Flink befestigten sie diese an ihren Hinterbeinen und flogen sofort los.
Als die beiden Freundinnen wenige Minuten später bei der kleinen Hexe ankamen, waren sie aber vor lauter Neugierde putzmunter. Schnell machten sich die drei auf den Weg, um den frühen Besucher gebührend zu empfangen. Durch das Geschrei des Eichelhähers wussten alle Waldbewohner genau, wo sich der Jäger gerade aufhielt. Dieser spazierte frohgelaunt auf dem Trampelpfad geradewegs zum Jägerstuhl, der ihm vom Waldrand aus einen sehr guten Blick über die angrenzende Waldwiese ermöglichte.
Der Jäger hatte es auf einen ganz bestimmten Rehbock abgesehen. Er wusste, dass sich dieser am frühen Morgen gerne auf der Wiese nahe am Waldrand aufhielt. Und gleich daneben befand sich der Jägerstuhl! Duftnäschen und ihre Begleiterinnen konnten es kaum glauben und den

beiden Hummeln blieb vor Angst fast das Herz stehen: Obwohl der Rehbock Georg Capreolus*14 den Eichelhäher hörte und nun doch von der Gefahr für ihn wissen musste, stellte er sich stolz in den Sonnenschein. So wollte er den Ricken*14 seinen Mut beweisen. Die anderen Tiere hatten sich gleich im dichten Unterholz versteckt als sie die Warnrufe und das Trommeln hörten. Einige Rehe guckten von dort aus ängstlich zu dem kräftigen Bock und bewunderten ihn. So ein mutiger und stolzer Artgenosse, der gefiel ihnen.

Als der Jäger oben auf dem Jägerstuhl angekommen war, glaubte er seinen Augen nicht zu trauen. So einfach hätte er es sich wirklich nicht vorgestellt, solch einen wunderbaren Rehbock vor die Flinte zu bekommen.

Aber er hatte die Rechnung ohne Duftnäschen und ihre beiden Begleiterinnen gemacht. Als sie über dem Jägerstuhl flogen öffneten alle drei ihre Säckchen und schüttelten den ganzen Inhalt über dem Kopf des Jägers in die Luft. Das Pulver wurde direkt ins Gesicht und die Nase des Jägers geweht.

Dann fasste sich Duftnäschen an die Nasenspitze und sagte leise:

Blütenpollen aus den Bergen
gemischt mit Schnupftabak von Zwergen,
macht, dass dieser Jägersmann
heute nicht mehr schießen kann.

So sehr der Weidmann auch versuchte, das Niesen zu unterdrücken und sein Gewehr zum Schuss klarzumachen, so unwiderstehlich forderte seine Nase ihr Recht. Fast so laut wie ein Schuss aus seiner Büchse ertönte sein "Hatschi", und wieder und wieder "Hatschi". Selbst der stolze Rehbock Georg verschwand vor Schreck im Unterholz.

Der verwunderte Jäger ärgerte sich so sehr, dass er beinahe vor Wut seine Flinte vom Jägerstuhl hinuntergeworfen hätte. Als er dann auch noch das Lachen des Spechtes hörte, der laut „prü, prü, prü, prü, prü" rief, glaubte er für einen Augenblick seine Nase sei verhext worden.

Der mit den Tränen kämpfende Weidmann hatte für heute aber wirklich die „Nase voll". Er kletterte vom Hochsitz herunter. So schnell wie er gekommen war, machte er sich wieder auf den Weg zurück. Sein „Hatschi" konnte man bald nur noch aus weiter Ferne leiser und leiser hören.

Bambelbi und Resa mit Duftnäschen auf den Schultern flogen übermütig noch ein paar Runden im Wald herum und riefen immerzu: „Habt ihr das gesehen? Der Jäger kann nicht mehr schießen!" Der Specht freute sich wohl am meisten. Er war es, der alle zuerst vor der Gefahr gewarnt hatte. Sein lautes Lachen war noch eine ganze Weile überall im Wald zu hören: „Prü, prü, prü, prü."

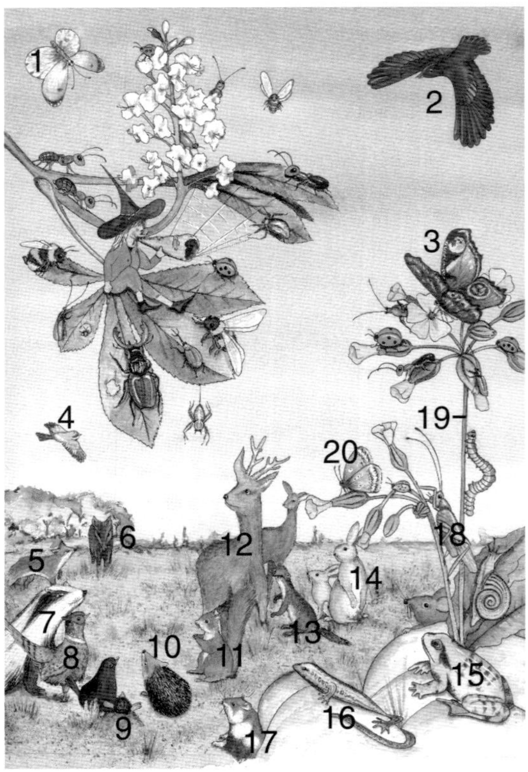

Suche folgende Pflanzen und Tiere auf dem bunten Bild. Sie heißen:

1 Aurorafalter
2 Schwarzspecht
3 Tagpfauenauge
4 Eichelhäher
5 Fuchs
6 Wildschwein
7 Dachs
8 Fasan
9 Maulwurf
10 Igel
11 Eichhörnchen
12 Rehbock
13 Wiesel
14 Feldhase
15 Frosch
16 Zauneidechse
17 Feldhamster
18 Heuschrecke
19 Primel
20 Bläuling

7

Martius und Picusine Wudpecker:
Herr und Frau Schwarzspecht (von Picus = lat. Specht), "Woodpecker" ist der englische Name für Specht
Dryocopus martius = lat. Schwarzspecht

SOS: von „Save Our Souls" (engl. „Rette unsere Seelen")
aus dem Morsealphabet: 3× kurz, 3× lang, 3× kurz

8

Blitz und Donner
Wenn man bei einem Gewitter wissen möchte, wie weit es entfernt ist, braucht man nur die Sekunden zwischen Blitz und Donner zu zählen. Das Licht vom Blitz ist so schnell, daß man ihn sofort sieht. Dagegen ist die Schallgeschwindigkeit viel langsamer. Er braucht drei Sekunden für einen Kilometer.
Wenn man also bis 12 zählen muß bis man den Donner hört, teilt man durch 3 und weiß, dass das Gewitter noch 4 km weit weg ist.

9

Nati Natrix
die älteste der Ringelnattern (von *Natrix natrix* = lat. Ringelnatter)

10

Narzissenblättchen ist ein Zitronenfalter, die Raupe dieses Schmetterlinges ernährt sich von Faulbaum und Kreuzdorn (hier ist es Faulbaum).

11

Merle,
vom franz. Namen für Amsel

Suche folgende Pflanzen und Tiere auf dem bunten Bild.
Sie heißen:

1 Rauchschwalbe
2 Schafstelze
3 Ringelnatter
4 Erdhummel
5 Ameise
6 Schilf
7 Streifenwanze
8 Marienkäfer

Auf der Suche nach Pferdebohnen oder Lupinen

Jetzt waren die Hummeln so hungrig, dass sie gleich nach der Ankunft alle zusammen bei Duftnäschen vor der Höhle frühstückten. Die Hummeln ließen sich den Veilchenpollen und den süßen Nektar der Distelblüten schmecken und alle drei schleckten dazu goldgelben, besonders aromatischen Löwenzahnhonig.

Dabei schwärmten Resa und Bambelbi immer wieder von dem gemeinsamen, erfolgreichen Angriff beim Jägerstuhl. Was war das doch für eine super Idee von der kleinen Hexe gewesen, den Jäger mit dem Pollenpulver zu verjagen. Sie mussten nun jedoch neue Pollenkörner sammeln, denn der kleine Rest in Duftnäschens Säckchen reichte höchstens noch für einen weiteren Einsatz.

„Am günstigsten wäre es, wenn wir gleich heute damit beginnen," sagte Duftnäschen. Die beiden Hummeln wollten aber erst bei ihrer Königin Regina nachfragen, denn sie waren ja am Morgen Hals über Kopf davongeflogen.

„Ich werde inzwischen schon mal in meinen Unterlagen nachsehen, was wir für das neue Pulver alles brauchen." Als die beiden großen Insekten gleich darauf davon brummten, huschte Duftnäschen schnell in ihre Wohnung und holte aus ihrem Rucksack das dicke Zauberbuch. Darin waren alle Zutaten und Zaubersprüche aufgeschrieben.

Um einen Jäger außer Gefecht zu setzen, gab es verschiedene Rezepte. Es kam besonders auf das richtige Mischungsverhältnis an. Wenn alle Blüten vorhanden waren, eigneten sich Pollenkörner von Sumpfdotterblumen, Schlangenknöterich, Anemonen*[15] und Pferdebohnen am besten. Aber andere Bohnen oder Lupinen waren auch geeignet. Ein Glück, dass jetzt im Frühling fast alle Pflanzen blühten. So war das Pollensuchen nicht ganz so schwierig.

Nach einer Weile ertönte ein lautes Summen. Bambelbi und Teresa hatten noch Hanni, Polli und Pieksi mitgebracht, die sich nach einer Abwechslung sehnten. Regina hatte gesagt, dass ein paar zusätzliche Helferinnen nie Schaden könnten und die Arbeit dann auch schneller fertig wäre.

Sumpfdotterblumen hatten die Hummeln unter den Namen Butterblumen in ihrem Programm, und sie wussten auch gleich am Bach eine Stelle, wo sie zu finden waren. Knöterich wuchs sogar dicht bei ihren Wohnungen auf der Wiese und Anemonen oder Buschwindröschen*[15], wie sie von den Hummeln genannt wurden, bildeten seit einer Woche einen blühenden Teppich im nahen Buchenwald.

Nach zwei Stunden fehlten nur noch die Pferdebohnen, aber die Hummeln hatten in der nahen Umgebung noch nie welche gesehen. „Vielleicht gibt es sie ja in den Gärten der Menschen. Die sind allerdings ganz schön weit von hier entfernt," sagte Hanni. „Eine halbe Stunde werden wir bestimmt brauchen, bis wir dort sind." Bambelbi fügte dann noch hinzu: „Wenn dort auch keine Puffbohnen sind, haben wir den ganzen Flug umsonst gemacht." Sie konnte sich ihr Grinsen kaum verkneifen, denn auch die dicken Bohnen hießen in der Hummelsprache anders. Fröhlich redete sie weiter: „Allerdings blühen dort jetzt auch die Apfelbäume. Wenn wir Regina ein paar Blütenblätter und eine ordentliche Portion Pollenkörner mitbringen, machen wir ihr eine große Freude. Apfelpollen mag sie nämlich besonders gern."

Es war wirklich ein weiter Weg. Als sie beim ersten Apfelbaum ankamen, machten sie erst einmal Mittagspause. Sie tranken den köstlichen Nektar und aßen sich an den Pollenkörnern so richtig satt. Nachdem sie auch eine große Portion für Regina, ihre verwöhnte Königin, mitgenommen hatten, flogen sie von Garten zu Garten, um die Pferdebohnen zu suchen. Überall blühten die schönsten Blumen. Zwischen den Ästen der Pflaumen-, Birnen- und Apfelbäume roch es so lieblich, dass sie am liebsten den ganzen Tag dageblieben wären.

Plötzlich flog Bambelbi eine scharfe Kurve. Alle fragten ganz verdutzt, was denn in sie gefahren sei. „Der Jäger sitzt dort im Garten!" Rief Bambelbi ganz aufgeregt. „Hier wohnt der also. Guckt mal, er hat noch eine ganz rote Nase vom vielen Niesen." Ausgerechnet in diesem Garten sahen sie ein großes Beet mit blühenden Pferdebohnen. Und gerade dort waren die Pollenkörner, die sie dann als Waffe gegen ihn gebrauchen wollten. Schnell bürsteten sie mit ihren behaarten Hinterbeinen eine ausreichende Menge der begehrten Ware in ihre Körbchen*3 und verließen dann sofort wieder das Bohnenbeet.

Als sie am Nachmittag am Hummelnest ankamen, wurden sie schon von einem Dutzend ihrer Geschwister neugierig erwartet. Nachdem alle Fragen beantwortet waren, hatte Duftnäschen noch eine Überraschung für

die Bombus-Familie: „Ich möchte euch alle zu meinem 101. Geburtstag am 15. Mai einladen. Das sind nur noch wenige Tage, und ich erwarte euch dann alle zum Nachmittag. Jetzt muss ich noch das eine oder andere für die Feier erledigen, deshalb muss ich jetzt los.“
Auf dem Weg zu ihrer Wohnung besuchte die kleine Hexe noch einige Nachbarn, um auch sie zu ihrem Ehrentag einzuladen.

Vollmond

Immer wieder dachte die kleine Hexe an die Worte ihrer Mutter, die diese beim Abschied in den Bergen gesagt hatte. Duftnäschen musste unbedingt einen geeigneten Hexenring finden, in dem sie sich ja bei Vollmond sprechen könnten. Da in der kommenden Nacht zum ersten Mal nach ihrer Abreise Vollmond zu erwarten war, wollte sie sich darauf gut vorbereiten.
Dazu spazierte sie erst einmal zu den Nelkenschwindlingen. Die waren nach dem letzten Gewitterregen besonders üppig gewachsen. So richtig nach dem Geschmack von kleinen Hexen bildeten sie einen wunderschönen, kreisrunden Hexenring.
Unwiderstehlich zog es sie unter die Pilzschirme. Sie klatschte ausgelassen und fröhlich mit der linken Hand an den Stiel des ersten Pilzes, dann mit der rechten Handfläche an den nächsten. Übermütig und fröhlich fing Duftnäschen an zu laufen. Auf einmal fühlte sie die Pilze so, als spielte sie wie früher mit ihren Schwestern und den Söhnen des Obertalers packen. Sie lief im Kreis von Pilz zu Pilz, und bei jedem klatschte sie mit ihrer Handfläche an den Stiel und rief dabei laut: „Du bist! Du bist! Du bist!“ Die Pilze wackelten dabei mit ihren Hütchen und streuten bei jeder Berührung eine ordentliche Portion Sporen auf die kleine Hexe. Als sie sich nach ein paar Runden außer Atem ins Gras warf, waren ihre Haare und ihr Näschen so weiß gepudert, als hätte man sie mit Mehl bestreut.

Am liebsten wäre Duftnäschen gleich bis Mitternacht dort liegen geblieben, so wohl fühlte sie sich. Aber nach einer Weile meldete sich ihr Magen und erinnerte sie daran, dass sie ja noch kein Abendbrot gegessen hatte. Frohgemut ging sie zu ihrer Wohnung und bereitete sich dort einen leckeren Salat aus Pilzlamellen, zarten Veilchenblüten und feingehackten Kiefernsamen. Dann setzte sie sich vor ihre Wohnung, und während sie genüsslich ihren Hunger stillte, verschwand die untergehende Sonne langsam hinter den Pappeln am Bach.

Als sich Duftnäschen kurz vor Mitternacht erneut durch den Ring der Nelkenschwindlinge hindurch ins Innere des Hexenrings begab, war der Mond wie eine große Laterne dick und rund am Himmel zu sehen. Es war das erste Mal, dass sie zu einem Mitternachtstreffen ging. So wusste sie auch nur, dass alle Hexen einen Spruch aufsagen mussten, der die Namen der gewünschten Gesprächspartner enthielt. Als es endlich null Uhr war, fasste sich Duftnäschen an ihre Nasenspitze und sagte:

Pilze hier in dieser Runde, in des Tages erster Stunde,
saget allen, die ich kenne und gleich mit dem Namen nenne,
dass ich hier bin, sie zu fragen, sie zu sehen und zu sagen:
Lasst mich länger nicht allein, tretet in den Kreis hinein.
Bonbonbon, Blütenduft und Morgenröte, kommt herbei,
eure Plätze sind noch frei.

Ein Rütteln und Schütteln ging durch alle Pilzschirme, so als ob ein heftiger Wind ihre Hüte abreißen wollte. Dann erschien in der Mondscheibe Bonbonbon, die Mutter der drei kleinen Hexen und sagte: „Ich freue mich, meine lieben Töchter, daß ihr alle drei an mich gedacht habt. Es ist schön, dass ihr auch eure Schwestern in den Hexenring gewünscht habt. Ich habe zu Hause auf euren Wunsch, mich zu sehen, natürlich sehr gewartet. Doch nun kann ich nur aus der Ferne mit euch sprechen, denn ich kann ja nicht bei allen meinen Töchtern gleichzeitig sein.

Beim nächsten Vollmond werde ich euch einfach alle zu mir rufen. Dann können wir erfahren, wie es euch in der Ferne ergangen ist. Ansonsten ist es ja auch noch nicht lange her, seitdem ihr mich verlassen habt. So, meine lieben Töchter, beim nächsten mal klappt bestimmt alles besser. Bis dahin wünsche ich euch alles Gute."

Wieder ging ein Rütteln und Schütteln durch die Pilzhüte, und gleich darauf war Bonbonbon aus der großen, gelben Mondscheibe verschwunden.

Natürlich war es für die kleine Hexe einleuchtend, dass es unmöglich für ihre Mutter war, gleichzeitig bei jeder Schwester im Hexenring zu sein. Trotzdem war sie im Moment sehr, sehr traurig. Am liebsten hätte sie laut geweint. Wie hatte sie sich darauf gefreut, ihrer Familie mitzuteilen, wie schön sie es doch in der neuen Heimat getroffen hatte.

Sie blieb noch eine ganze Weile im Hexenring und schaute in den leuchtenden Vollmond. Es schien ihr, als ob der Mond sie ansah und lächelnd sagte: „Dufti, sei nicht mehr traurig. Schon in weniger als einem Monat habe ich wieder meine volle Größe und dann werde ich dich wieder im Kreis der Pilze begrüßen. Und natürlich wird dann deine liebe Familie dabei sein, keine Schwester wird fehlen."

Der Geburtstag

Die nächsten Tage hatte Duftnäschen mit den Vorbereitungen für ihre Geburtstagsfeier so viel zu tun, dass die missglückte Mitternachtsversammlung schnell vergessen war. Immerhin war es ihr erster Geburtstag in der neuen Heimat. Ihre Mutter konnte ihr diesmal bei den Vorbereitungen nicht helfen. Aber es musste sich wohl unter den Nachbarn auf der Waldwiese und im nahen Wald herumgesprochen haben, dass die kleine Hexe hundertundein Jahr alt wurde und diesen Tag mit allen Tieren feiern wollte. Viele hatten die hilfsbereite, neue Nachbarin auch schon richtig lieb und kamen zu ihr, um bei den Vorbereitungen zu helfen.

Dann war es endlich so weit. Resa und Bambelbi waren die ersten, die am frühen Morgen gratulierten. Am Abend vorher hatten sie den „Trompeter*3" gebeten, sie gleich nach Sonnenaufgang zu wecken. Der Trompeter war nämlich immer als erster wach. Gleich nach dem Aufstehen machte er sich an seine Arbeit und fächelte laut brummend vom Eingang her frische Luft in die Hummelhöhle. Duftnäschen war gerade aufgestanden, als sie das Summen der Freundinnen hörte. Mittlerweile kannte sie das Geräusch der Hummelflügel so gut, dass sie sofort wusste, wer da zu ihr kam.

Bambelbis Geschenk war ziemlich schwer. Es war ein Beutelchen aus einer Goldnesselblüte, prall mit dem allerfeinsten Blütenhonig gefüllt. Resa überreichte dem Geburtstagskind ein kleines Päckchen. Sie hatte es sorgfältig aus einer violetten Irisblüte gebastelt. Als die kleine Hexe Resas

Päckchen öffnete und die Blütenblätter auseinander faltete, strömte ein lieblicher Duft in ihr Näschen. Sechs wunderschöne, goldbraune Honigkerzen kamen zum Vorschein und verbreiteten zusammen mit der Irisblüte einen betörenden Duft. Duftnäschen war begeistert.

Dann nahm sie Resa und Bambelbi in ihre Arme: „Danke! Hoffentlich können wir noch ganz oft zusammen feiern und fröhlich sein." Flink holte sie aus ihrer Wohnung zwei zierliche Kelche aus Maiglöckchenblüten. Sie hatte diese Trinkbecher mit Honigtau gefüllt und den Tau zur Feier des Tages noch mit einer kleinen Prise Enzianpollen verfeinert. Die beiden Hummeln hatten so etwas Leckeres schon lange nicht mehr geschleckt.

Duftnäschen probierte sofort den Blütenhonig, den ihr Bambelbi geschenkt hatte.

Da die Feier erst am Nachmittag richtig losgehen sollte, verabschiedeten sich die beiden frühen Gratulanten nach dem Frühstück. Sie vergaßen aber nicht Duftnäschen zu sagen, dass auch ihre Königin Regina zur Party kommen wollte. „Sie hat extra ihre Krone polieren lassen und ihre Nackenhaare dunkel gefärbt. Sie meint, dass dunkle Haare besser zum Gold der Krone passen,“ sagte Resa ein wenig spöttisch.

Die Zeit bis zum Beginn der Feier wollte gar nicht vergehen. Die kleine Hexe überprüfte nun bestimmt schon zum zehnten Mal, ob alle Vorbereitungen auch wirklich stimmten, und dann war es ihr auf einmal zu bunt. Warum konnte sie denn eigentlich zaubern? Am eigenen Geburtstag sollte es wohl erlaubt sein, sich die eine oder andere Unannehmlichkeit einfach wegzuzaubern. Sie fasste sich an ihr spitzes Näslein und sagte:

Heute, hier auf meinem Feste, gelingt mir alles für die Gäste,
Fliegenpilz und Hexenei[*16]*, eure Kraft hilft mir dabei.*

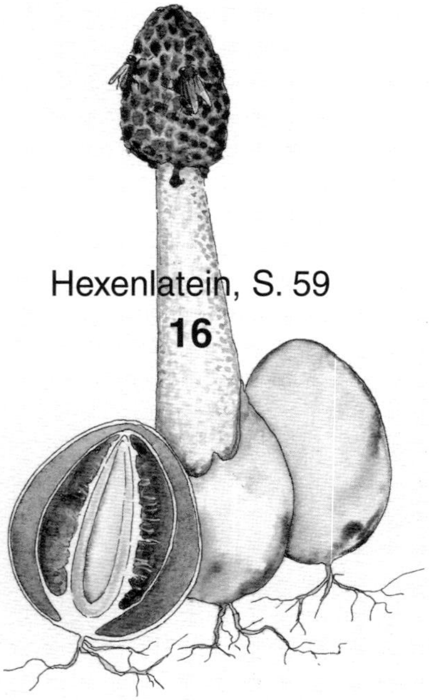

Gleich darauf war ihr wohler, und für die restlichen Stunden bis zum Eintreffen der Gratulanten legte sie sich in den Schatten eines Löwenzahnblattes. Sie träumte von lustigen Spielen, die sie vor langer Zeit zusammen mit den anderen kleinen Hexen und Zwergen in den Bergen gespielt hatte. Merkwürdig, dass sie ausgerechnet Wuschelhaar Obertaler*[17] so sehr vermisste. Ob er wohl auch ab und zu an sie dachte?

Gerade noch rechtzeitig erwachte sie aus ihren süßen Träumen. Schnell zog sie sich ihr schönstes Kleid und ihre goldbestickten Stiefel an. Als die kleine Hexe gerade damit fertig war, kamen auch schon die ersten Gäste. Ihr blieb kaum Zeit, sich bei der Hummelkönigin Regina gebührend für den süßen Honigwein Met*[18] zu bedanken.

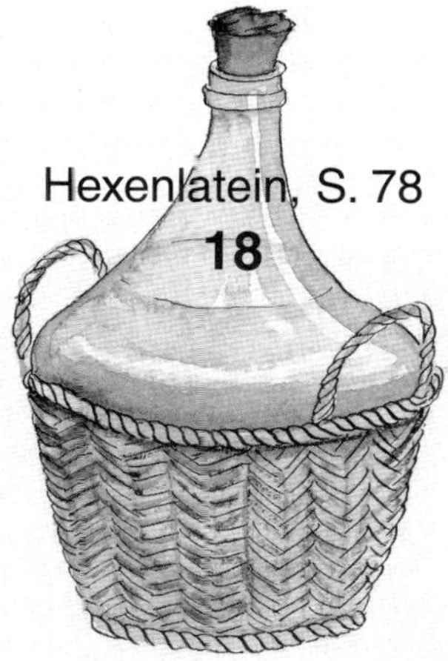

Auf einmal waren so viele Tiere angekommen. Alle wollten der kleinen Hexe gleichzeitig gratulieren. Jeder hatte dem Geburtstagskind ein Geschenk mitgebracht. Duftnäschen musste aufpassen, dass sie nicht ganz durcheinander kam. Es waren so viele Gäste und so viele verschiedene Geschenke!
Die Ameisen waren Duftnäschen besonders dankbar, weil sie ihnen nach dem Unwetter den Heimweg gezeigt hatte. Sie schenkten ihr tatsächlich ein Fässchen der begehrten Ameisensäure. Acht Ameisen hatten das schwere Fass aus einer Haselnussschale auf zwei Kiefernnadeln geladen. Dann wurde es auf jeder Seite von jeweils vier kräftigen Arbeiterinnen getragen. Es war ein wirklich weiter Weg! Sie hatten fast zwei Stunden gebraucht.
Hanni, Polli und Pieksi überreichten ihr ein gemeinsames Geschenk: „Weil wir wissen, dass du so gerne süße Gerüche magst, haben wir den betörenden Duft der Orchideen mit Apfelblüten gemischt und daraus ein Par-

füm hergestellt. Hoffentlich gefällt es dir," sagte Hanni, während Pieksi und Polli ihr das Parfüm unter das spitze Näslein hielten.

Der stolze Rehbock Georg Capreolus hielt die Festrede. Danach wurde gegessen und getrunken, was das Herz begehrte. Wundersam war es schon, dass für alle Gäste genügend zu essen und zu trinken da war und jeder sogar seine Lieblingsspeisen bekam. Aber niemand wunderte sich darüber. Endlich waren auch die Wildschweine satt und ihr lautes Schmatzen verwandelte sich in ein zufriedenes Grunzen.

Als dann alle Gäste immer lauter miteinander plauderten, spielten drei verschiedene Kapellen Tanzmusik. Für die kleinen Ameisen, Käfer, Schmetterlinge und Hummeln zirpten die Grillen. Die Vögel wurden von einer Drosselband unterhalten. Und für die größeren Waldtiere sang Merle mit zwei Freunden Evergreens.

In einer der Tanzpausen gab es eine Solovorstellung des Spechtes Martius Wudpecker. Mit einem schwindelerregenden Trommelwirbel wurde er der Star des Abends. Es wurde getanzt, gesungen und gelacht, so dass die Zeit wie im Fluge verstrich.

Als sich die letzten Gäste endlich auf den Heimweg machten, war es schon wieder Tag geworden. Die Sonne stand bereits hell am Morgenhimmel.

Wo kommt bloß das ganze Grundwasser her?

An den kommenden Tagen hatte die kleine Hexe damit zu tun, die Spuren der Geburtstagsfeier zu beseitigen. Nun hatte sie auch endlich genug Zeit, sich die vielen, schönen Geschenke in aller Ruhe anzusehen. Die Hummeln kamen sie immer häufiger aber nur kurz besuchen. Irgend etwas lag den Hummeln auf der Seele, worüber sie noch nicht mit Duftnäschen gesprochen hatten.

Und dann merkte die kleine Hexe, dass mit ihrer Höhle etwas nicht stimmte. Die Wände wurden immer feuchter. Der Fußboden war an manchen Stellen schon richtig glitschig geworden, obwohl jeden Tag die Sonne schien. Am ärgsten traf es jedoch die Hummelfamilie. Die Erdhöhle der Bombusse war unten im Keller schon so nass, dass einige Hummeln Wasser hinausschöpfen mussten. „Wenn das so weiter geht, müssen wir uns in ein paar Tagen eine neue Wohnung suchen," sagte die Königin Regina. „So nass war es hier nicht einmal nach dem schweren Gewitter. Wo kommt bloß das ganze Grundwasser her?"

Duftnäschen schlug vor, zusammen mit ihrer Freundin Resa die Gegend zu erkunden. Alle waren sofort damit einverstanden.

Ab und zu hielten sie an, um den Boden zu befühlen. Sie befragten viele Höhlenbewohner, wie es denn bei ihnen unter der Erdoberfläche aussah. Auch die Kaninchen und die Maulwürfe hatten große Not. In der Nähe vom Bach klagten mehrere Mäuse: „Wir mussten mit unserer ganzen Familie unsere Wohnungen verlassen. Der Bach steigt und steigt, wo kommt nur das ganze Wasser her?"

Und dann sahen Resa und Duftnäschen den Grund für die Bescherung. Der Bach hatte sich in einen richtigen See verwandelt. Schnell flogen die beiden Kundschafterinnen am Ufer entlang, um zum Ende des neuen Gewässers zu gelangen. Hier sah es wirklich merkwürdig aus. Mehrere Pappeln und Weidenbäume waren am Ufer umgefallen und lagen nun quer zum Bach von Ufer zu Ufer und behinderten den Abfluss. Zusätzlich hatte jemand Zweige und Äste davor aufgestapelt und einen richtigen Staudamm gebaut. Staunend flogen Resa und die kleine Hexe über der Baustelle auf und ab.

Menschen konnten es nicht gewesen sein, denn es war kein Weg zum Bach zu sehen. Maschinen und Werkzeuge konnten die beiden auch nicht entdecken. Beim näheren Betrachten sahen sie, dass die Bäume und viele Äste und Zweige so abgenagt waren, als hätten riesige Mäuse hier eine Schule fürs Holznagen eingerichtet. Und dann sahen sie auf einmal einen merkwürdigen Gesellen, der dick und fett war wie ein Dachs im Herbst. Es war ein Biber*[19], der gerade einen großen Pappelbaum abnagte.

Der Besuch bei Fidel Castor*[19]

Die Hummel Resa landete mit der kleinen Hexe auf dem Rücken laut brummend vor dem Übeltäter. Sofort hüpfte Duftnäschen flink auf einen Zweig direkt vor dem Kopf des dicken Bibers. Resa setzte sich dicht neben ihre Freundin. Wie auf Kommando kam es aus beiden Mündern gleichzeitig hervorgesprudelt: „Wir sind hier, weil wir von dir wissen möchten, warum du uns alle aus unseren Wohnungen vertreiben willst!"
Der Biber guckte die beiden mit seinen kleinen Äuglein eine ganze Weile an und fragte dann ungläubig: „Ich will euch aus euren Wohnungen vertreiben? Ich weiß ja gar nicht, wer ihr seid. Und wo ihr eure Wohnungen habt, das weiß ich auch nicht..."
Er schob den dicken, breiten Schwanz unter seinen mächtigen Körper und setzte sich in aller Ruhe neben den großen Pappelbaum. Jetzt konnten die beiden auch sehen, dass er ganz merkwürdige Hinterfüße besaß. Sie sahen wie Entenfüße aus mit Schwimmhäuten zwischen den Zehen. Der Biber sagte: „So, und nun ganz von vorn - wer bist du und was ist mit dir los?" Er schaute dabei die kleine Hexe mit einem freundlichen Gesichtsausdruck an.

„Ich heiße Duftnäschen und wohne nicht weit von hier in einer wunderschönen, kleinen Wohnung unter der Erde in einem alten Mauseloch. Seit ein paar Tagen steigt bei mir und bei allen meinen Nachbarn ständig und unaufhörlich das Grundwasser. Die unteren Etagen können wir schon nicht mehr betreten. Dort steht uns das Wasser schon bis zum Bauch, obwohl es schon lange nicht mehr geregnet hat."
„Du siehst ja vielleicht merkwürdig aus," sagte der Biber freundlich, „und einen ulkigen Namen hast du auch. Einen so kleinen Zwerg wie dich habe ich noch nie gesehen. Und deine spitze Nase bedeutet bestimmt, dass du sehr neugierig bist."
Behäbig drehte er seinen Kopf etwas zur Seite. „Wohnst du auch unter der Erde, du dicker, lauter Brummvogel?", fragte er nun Resa. Seine kleinen Öhrchen wackelten bei den Fragen hin und her. Seine Stimme verriet, dass er Resa und Duftnäschen nicht ganz ernst nahm. Na ja, sie waren ja wirklich viel, viel kleiner als der dicke „Plattschwanz".
„Ich bin Teresa Bombus," antwortete die Hummel stolz, ‚meine Familie ist sehr groß, wir sind dreiundsechzig erwachsene Personen. Die anderen sind alle damit beschäftigt, das Wasser aus der Wohnung zu tragen und wir haben kaum noch Zeit übrig, genug Pollen und Nektar für unsere kleinen Kinderchen heranzuschaffen. Wir wollen wissen, was du hier willst, warum du die ganze Gegend unter Wasser setzt und warum du nicht wieder dahin verschwindest, wo du hergekommen bist."
Der dicke Biber schaute Resa ruhig an und sagte: „So viele Fragen auf einmal! Also, ich heiße Fidel Castor*[19]. Ich bin mit meiner Frau aus unserer Heimat von den Menschen vertrieben worden. Wir sind geflüchtet, weil Pelzjäger meine Familie töten wollten um Pelze aus uns zu machen. Es war ein weiter, langer Weg bis hierher. Wir würden hier gerne eine neue Heimat finden. Wir möchten auch gerne Kinder bekommen, die hier in dieser wunderschönen Landschaft leben und spielen können. Es tut mir sehr leid, dass eure Wohnungen unbewohnbar werden. Das können wir gar nicht so einfach und schnell lösen. Aber wenn ich euch helfen kann, werde ich das natürlich gerne tun.

Bitte, bitte, jagt uns nicht wieder weg! Ich möchte doch genau wie ihr zufrieden leben und ein Zuhause haben. Ich brauche dafür jedoch das Wasser, denn der Eingang einer Biberhöhle muss immer unter Wasser sein. Man darf ihn von außen nicht sehen und betreten können. Das wichtigste, was wir Biber lernen müssen, ist das richtige Bauen von Dämmen. Erst danach können wir eine Familie gründen und Kinder bekommen." Er schwieg einen Augenblick, dann fragte er: „Wie kann ich euch nur helfen, ohne selber wieder fort zu müssen?"
Man sah ihm an, dass er ernsthaft nach einem Ausweg suchte. Nach einer kleinen Pause fuhr er fort: "Bitte kommt morgen wieder, ich werde mit meiner Frau Adele darüber beraten. Adele ist eine sehr schlaue, kluge Frau. Morgen wissen wir bestimmt mehr. Vielleicht habt ihr ja auch eine Idee, wie wir das Ganze im Guten lösen können."
Duftnäschen und Resa waren nach den Worten des netten Bibers gar nicht mehr zornig. Ja, sie hatten nun sogar Mitleid mit dem dicken Fidel Castor.
Duftnäschen setzte sich wieder auf Resas Rücken, sie riefen „auf Wiedersehen, bis morgen früh" und flogen dann auf dem schnellsten Wege nach Hause.

Duftnäschen wirbt für eine friedliche Lösung

Bei ihrer Ankunft warteten schon alle Hummeln neugierig auf den Bericht der beiden Kundschafterinnen. Nachdem Resa ihr Erlebnis mit dem Biber erzählt hatte, musste Duftnäschen die ganze Geschichte noch einmal berichten, weil alle so aufgeregt waren und dachten, dass Resa vielleicht die eine oder andere Einzelheit vergessen hatte. Dann saßen sie alle betroffen und traurig da. Niemand wusste, wie es nun weitergehen sollte. Regina wusste diesmal auch keinen Ausweg.

Nur Pieksi und Polli wollten sich nicht davon abbringen lassen, diesen dicken Störenfried zu verjagen. Sie wollten ihre Stacheln und ihre Giftbeutel einsatzbereit machen. „Es wäre ja gelacht," sagte Pieksi, „wenn die Familie Bombus sich von solch fetten Fremden verjagen lässt, obwohl wir spitze Stacheln haben! Wir werden es dem Fidel Castor und seiner Frau Adele schon zeigen!"
Die kleine Hexe gab zu Bedenken: „Wenn wir es schaffen, dass die beiden Biber wieder zurück müssen, werden sie wahrscheinlich sterben. Außerdem ist der Damm schon soweit fertig, dass beim nächsten Regen hier alles überschwemmt wird - auch wenn die Biber längst fortgejagt sind. Leider weiß ich aber auch nicht, was wir machen können."
Sie fasste sich unauffällig an ihr spitzes Näschen und spürte, dass sie für eine kleine Zauberei genug Duftstoffe eingeatmet hatte. Sie drückte fest gegen ihre Nasenflügel und wünschte sich dabei, dass das Grundwasser noch ein wenig sinken möge. Außerdem sollte sich die kluge Biberfrau über Nacht eine Lösung für das schwierige Problem einfallen lassen. Leise sagte sie:

„Zauberduft und Morgentau,
macht Adele klug und schlau.
Blütenstaub und Duft vom Rettich,
trocknet Keller und den Teppich."

Mittlerweile war es spät geworden und ein wenig ratlos gingen alle wieder ihrer gewohnten Tätigkeit nach. Sie waren gespannt, was der nächste Morgen bringen sollte.
Die Bombusse quälte ein ungutes Gefühl in der Magengegend. Es dauerte lange, bis endlich auch die letzte Hummel eingeschlafen war.
Als Duftnäschen am nächsten Morgen aus dem Bett stieg, merkte sie sofort, dass der Fußboden nicht mehr so nass war.
Sie reckte und streckte sich erst einmal, und nachdem sie sich geduscht hatte, zog sie sich ihr schönstes Kleid an und schlüpfte in die blauen Stiefelchen. Draußen erwartete sie ein milder, windstiller Frühlingstag. Die

Sonne schien warm auf die hübschen Löwenzahnblüten, und sie spürte, wie vom nahen Wald der liebliche Duft der Buschwindröschen zu ihr herüber kam und ihre Sinne angenehm belebte.
Zum Frühstück setzte sich Duftnäschen in den Schatten eines großen Löwenzahnblattes und trank genüsslich ihren selbstgemachten Brombeertee. Dazu schleckte sie den frischen Blütenhonig von Bambelbi. Es gefiel ihr besonders gut, wenn sie sich die honigbeschmierten Finger ablecken konnte. Sie erinnerte sich daran, dass ihre Mutter früher immer heftig mit ihr geschimpft hatte, weil sie sich das Nuckeln auf dem Daumen nur ganz schwer abgewöhnen konnte. Ihre Zähne wären wahrscheinlich sehr schief gewachsen. Zum Glück kannte ihre Mutter damals den richtigen Zauberspruch. Dadurch war ihr eine Zahnspange erspart geblieben. Bei diesen Gedanken an ihr zu Hause in den Bergen spürte Duftnäschen ein merkwürdiges, bisher nie gekanntes Gefühl. Die kleine Hexe hatte Heimweh.

Suche folgende Tiere auf dem bunten Bild. Sie heißen:
1 Schwarzspecht
2 Eichhörnchen
3 Rehbock
4 Feldhase
5 Maus
6 Erdhummel
7 Eichelhäher

12

Honigtau:
Ameisen „melken“ die Blattläuse indem sie diese mit ihren Fühlern „betrillern“ und erhalten dabei einen süßen Saft, der Honigtau heißt.
Dafür passen die Ameisen auf die Blattläuse auf. Z.B. damit sie nicht von Marienkäfern gefressen werden.

Ameisensäure: Kommt in Ameisen, Bienenstacheln, Raupenhaaren und Brennesseln vor.

Nach Abbrechen des Köpfchens am vorderen Teil des Brennhaares (siehe Lupe) tritt der brennende Saft aus und verursacht Quaddeln auf der Haut.
Früher „peitschten“ sich Rheumakranke mit Brennesseln die Haut, um die Durchblutung zu fördern und die Schmerzen zu lindern!

Ameisensäure wird auch heute noch als Arzneimittel gegen Rheuma angewendet.

Außerdem wird sie in der Textil- und Lederindustrie benutzt.

Brennesseln schmecken lecker!
Siehe Hexenküche!

13

Sprossen: Enden des Gehörns
Ricke: weibliches Reh

15

Anemonen: Anderer Name für Buschwindröschen.
Buschwindröschen
(lat.: *Anemone nemorosa*)
ist ein Frühblüher in unseren Wäldern, wenn noch genug Licht durch das Blätterdach fällt. Um schnell wachsen zu können, sind die Nährstoffe in einer dicken Wurzel gespeichert.
Frisch sind Buschwindröschen giftig. Sie wurden früher als Pfleilgift benutzt.

16

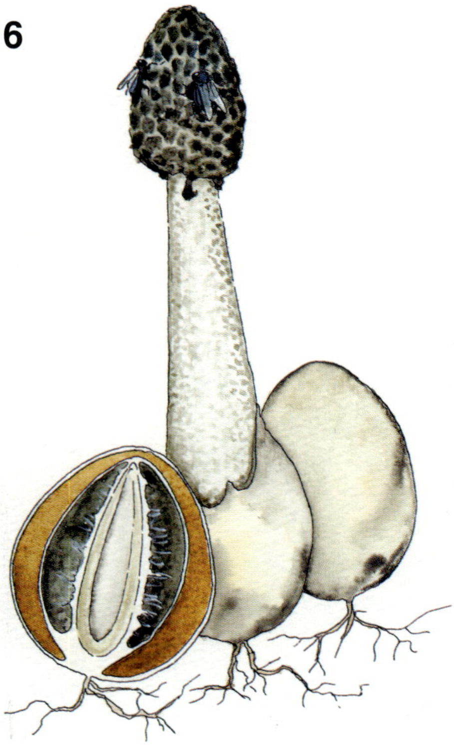

Hexenei: Junger, eiförmiger Fruchtkörper der Stinkmorchel. Durch den Geruch werden Fliegen angelockt, die Sporen bleiben an ihren Füßen kleben und werden so verbreitet. Die Sporen sind für Pilze das selbe, wie für die Pflanzen die Samenkörner.

Suche folgende Pflanzen und
Tiere auf dem bunten Bild.
Sie heißen:

1 Zitronenfalter
2 Hamster
3 Wiesen-Schaumkraut
4 Gänseblümchen
5 Veilchen
6 Marienkäfer
7 Erdhummel
8 Maus
9 Ameise

Die kluge Frau Adele

Gleich nach dem Frühstück kamen Resa und Hanni, Polli, Pieksi und Bambelbi, um die kleine Hexe abzuholen. Mit diesem Aufgebot wollten sie den Bibern zeigen, dass sie zu einer großen Familie gehörten und es besser sei, sich die Bombusse nicht zum Feinde zu machen.
Als gleich darauf Duftnäschen ihr blaues Hütchen noch schnell aus der Stube geholt und auf Resas Rücken Platz genommen hatte, brummten und summten sie gemeinsam zum Bach. Die Castors warteten schon beide auf die kleine Gruppe. Adele Castor hatte sich ihren Pelz am Hinterkopf „gegen den Strich“ gekämmt und um den Hals trug sie eine Schleife aus gelben Irisblüten, was ihr sehr gut stand.
Fidel Castor begrüßte alle freundlich. Er stellte stolz seine Frau Adele vor und schaute dann neugierig in die Runde: „Ich freue mich sehr, dass wir außer Teresa noch ein paar neue Mitglieder der Familie Bombus kennen lernen. Dann werdet ihr alle sehen, dass wir gut mit euch auskommen

möchten. Aber ich habe große Schwierigkeiten, euch voneinander zu unterscheiden. Wir sind zu ungeübt, bei so kleinen Wesen die Gesichter zu erkennen."

Er schaute in die Runde: „Ihr habt sicherlich schon gemerkt, dass wir gestern abend noch einen Teil des Dammes abgetragen haben. Eigentlich müsste das Grundwasser auch schon gesunken sein. Das aufgestaute Wasser ist merklich gefallen. Ihr sollt merken, dass wir im Guten mit allen neuen Nachbarn leben wollen. Meiner Frau ist heute Nacht tatsächlich etwas eingefallen."

Duftnäschen dachte in diesem Moment natürlich an ihren Zauberspruch und freute sich, dass sie sich noch auf ihre Nase verlassen konnte.

Adele konnte nun nicht mehr abwarten, allen ihren Plan kundzutun: „Ihr wißt, daß wir wahrscheinlich sterben müssen, wenn wir nicht hierbleiben können. Da wir unser neues Heim nur bauen können, wenn ihr umzieht, machen wir euch einen Vorschlag." Beim Wort „umziehen" ging ein mürrisches Grummeln durch die Hummeln. Adele musste tief Luft holen, bevor sie fortfahren konnte: „...also, ich weiß, wie schwer ein Umzug für jeden von euch ist. Wir haben ihn ja gerade erst hinter uns. Wir möchten euch dabei helfen und euch für eure Mühe und euer Entgegenkommen auch extra belohnen.

Ihr dürft alle eure Wünsche äußern. Bedenkt, wir Castors sind stark und kräftig. Inzwischen bauen wir den Damm auch nicht höher. Wir haben aber eine dringende Bitte: Ich erwarte in ein paar Wochen meine ersten Babys. Dann möchten wir natürlich unsere Burg soweit fertig haben, dass der Eingang unter Wasser ist." Duftnäschen und ihre Begleiter waren tief beeindruckt von den Worten der klugen Adele.

Dann kam der kleinen Hexe ins Bewusstsein, dass ja die Spechthöhle in der vom Blitz geschädigten Buche demnächst frei wurde. Die Spechte würden ihr die Höhle sicherlich gerne überlassen. „Könntet ihr für mich einen großen, beschädigten Baum fällen, in den beim letzten Gewitter der Blitz eingeschlagen hatte? Jetzt wohnt noch ein großer Schwarzspecht darin, die Jungen werden aber schon in ein paar Tagen ausfliegen. In

einer großen Höhle von einem Specht zu wohnen, war schon immer mein Wunschtraum. Dafür würde ich gerne einen Umzug in Kauf nehmen." Duftnäschen war bei diesen Gedanken ganz aufgeregt.
„Versprochen," sagte Fidel Castor sichtlich erleichtert. Neugierig guckte er von einer Hummel zur anderen. Dann sprach er die dickste und größte von ihnen an, weil er nur die von den anderen unterscheiden konnte: „Bambelbi, hast du einen besonderen Wunsch, der für euch alle wertvoll und wichtig ist?"
Bambelbi antwortete unsicher: „Wenn das mit dem Umzug klappt, sicherlich. Aber mir ist unklar, wie wir unser großes Haus aus der Erde buddeln und umquartieren wollen. Wir müssen nämlich unser ganzes Haus mitnehmen, es hat über vierzig Kinderzimmer, vierzig Wohnzimmer und zwanzig Vorratskammern. Wie sollen wir das nur schaffen?" Bambelbi war wirklich ratlos. Doch nun half Adele weiter. Die kleine Hexe wusste sofort, dass der Zauberspruch zusammen mit dem Morgentau gut gewirkt hatten.
„Ihr zeigt uns eine Stelle, wo euer Haus hingebracht werden soll. Dann werden wir es ausgraben, transportieren und an der neuen Stelle wieder eingraben. Vielleicht kann uns noch ein Maulwurf oder ein Hamster beim Graben helfen. Außerdem werden wir für euch am Rande des Sees, der ja durch unseren Damm entsteht, Blumen pflanzen. Die werden euch und euren Kindern leckeren, süßen Nektar liefern. Ihr braucht dann nicht mehr so weit zu fliegen." Alle Hummeln waren sich da sofort einig: über Seerosen, Narzissen, Schierling und gelbe Wasser-Schwertlilien würden sie sich besonders freuen.

Der Jäger glaubt, dass es im Walde spukt

Plötzlich hörte man aus der Ferne das typische Hämmern eines Spechtes: „Tak tak tak, drrrrrrt drrrrrrt drrrrrrt, tak tak tak." Gleich darauf noch einmal „tak tak tak, drrrrrrt drrrrrrt drrrrrrt, tak tak tak." Die beiden Biber schauten mit ihren kleinen Äuglein verwundert und fragend in die Runde. „Das bedeutet, dass eine Gefahr für alle Waldtiere naht. Wahrscheinlich kommt der Jäger mit seinem Hund. Am besten ihr versteckt euch schnell. Wir reden dann morgen weiter über unseren Umzug." Die kleine Hexe hüpfte schnell auf Resas Schultern und alle verschwanden schnell in Richtung des Alarmes.

Jetzt hörte man auch schon das laute, warnende Gezeter des Eichelhähers Hannes Schwarzbart. Ein eindeutiger Beweis, dass der Jäger im Wald war.

Natürlich hatte der Jäger schon gemerkt, dass er seit einiger Zeit kaum noch wilde Tiere zu Gesicht bekam. Er ärgerte sich gewaltig über das Geschrei des Eichelhähers, der ihn immer verriet. Dass der Schwarzspecht vorher „SOS" trommelte, war ihm aber noch nicht in den Sinn gekommen. Er kannte die Morsezeichen nicht. Zu der Zeit, als das Morsealphabet in der Schule durchgenommen wurde, hatte er gerade mit einer Grippe im Bett gelegen. Um so stärker ärgerte er sich über die Warnrufe des Eichelhähers Hannes. Am liebsten hätte er den hübschen, bunten Vogel abgeschossen.

Nun sollte sich die neue Pollenmischung bewähren, die Duftnäschen, Resa, Bambelbi und die anderen Hummeln vor einiger Zeit gesammelt hatten. Ein Hauptbestandteil waren die Pollenkörner der Pferdebohnen aus dem Garten des Jägers. Viele kennen diese Bohnen auch unter dem Namen Puffbohnen, Saubohnen oder Große Bohnen.

Diese Mixtur aus den Pollen von Sumpfdotterblumen, Anemonen, Schlangenknöterich und Pferdebohnen hatten sie nun in den Säckchen bei sich.

Zuversichtlich flog das kleine Geschwader einen erneuten Angriff gegen den Eindringling. Gleich nachdem sie ihn auf dem Waldpfad erreichten, kreisten sie ein paar Mal unauffällig über dem ahnungslosen Jägersmann. Dabei streuten sie etwas von dem Blütenstaub über seinem Kopf in die Luft.
Der Jäger war gerade dabei, sein Gewehr anzulegen und auf den Eichelhäher Hannes Schwarzbart zu zielen. Schnell fasste sich die kleine Hexe an ihre Nasenspitze und sagte leise:

„Butterblumen, Anemonen,
Knöterich und Pferdebohnen,
lasst den Jäger kräftig niesen
und für heute nicht mehr schießen."

„Hatschiii," und dann noch lauter und gleich mehrmals hintereinander, „Hatschiii!" Der Jäger, der schon einmal dies merkwürdige Erlebnis hatte, guckte verwundert sein Gewehr an.
Prüfend hob er es an seine Schultern und versuchte erneut zu zielen. Kaum spürte er den Kolben richtig an seiner Schulter, tränten seine Augen. Es kribbelte so erbärmlich in seiner Nase, dass er wieder und wieder laut niesen musste. Erschrocken von soviel Lärm und Theater fing jetzt auch noch sein Hund Jux*[20] an zu heulen.
Es war ein furchtbares Spektakel, das die neugierig gewordenen Käfer, Ameisen und Waldmäuse nun sahen. Diese kleinen Nager und Krabbler waren natürlich nicht vor dem Jäger davongelaufen.
„Langsam glaube ich, dass es hier in diesem Wald spukt," sagte der Jäger leise zu sich selber. Er erinnerte sich daran, dass er auch beim letzten Nies-

Hexenlatein, S. 79
20

anfall auf dem Jägerstuhl genau so ein Brummen und Summen vernommen hatte. Er sträubte sich jedoch dagegen, wirklich einen Zusammenhang zwischen dem Geräusch der Hummelflügel und seiner juckenden Nase zu sehen. „Es muss an den vielen Anemonen liegen, gegen die meine Nase schrecklich allergisch reagiert," sagte er sich. Dabei schaute er auf eine große Fläche wunderschön blühender Buschwindröschen. Und auf dem Rückweg zu seiner Wohnung überlegte er sich eine List, mit dieser „Allergie" fertig zu werden.

Alles will gut überlegt sein

Duftnäschen und die fünf Hummeln flogen auf dem Rückweg noch einmal an der Baustelle des Biberdammes vorbei, konnten die beiden Biber aber nicht entdecken. Sicherlich tauchten die beiden Dammbauer unter Wasser nach Grünpflanzen oder waren zum Mittagessen zu den Seerosen geschwommen. Die mochten sie von allen Leckerbissen am liebsten. Pieksi sagte besorgt: „Hoffentlich helfen uns beide Castors wirklich beim Umzug, denn sonst müssen wir eine ganz neue Wohnung bauen und einige unserer kleinen Maden vielleicht sogar zurücklassen."
Aber Bambelbi beruhigte sie: „Ich glaube, die beiden Plattschwänze sind selber froh, wenn alles gut wird. Ich finde, dass die Castors einen sehr friedlichen Eindruck machen. Wenn sie nach dem Umzug auch noch neue Blumen für uns am Rand des Sees pflanzen, haben auch wir es in der Zukunft einfacher."
Wenig später landete die kleine Hexe mit den fünf Kundschafterinnen vor der Hummelhöhle. Regina, die Königin und ein paar neugierige Arbeiterinnen warteten schon ungeduldig auf den Bericht. Es wurde ihnen bald klar, dass es wohl keine andere, vernünftige Lösung gab. Sie mussten das Angebot der Biber annehmen. Regina überlegte eine Weile, erhob dann majestätisch ihr Haupt und sagte:

„Wenn wir schon von hier wegziehen müssen, dann sollten wir unbedingt darauf achten, dass unsere liebgewonnene Wohnung möglichst unversehrt transportiert wird. Das kann wahrscheinlich nur der große Biber Fidel Castor schaffen. Die Castors sollen unser Haus mit allem Drum und Dran zu einem trockenen Ort bringen, den wir noch heute aussuchen. Unser Hummelnest darf nicht wieder unter der Erde eingebuddelt sein. Damit wir nie wieder mit dem Grundwasser Probleme bekommen, sollen die Biber um unser Haus herum einen Berg aufschütten. So liegt unsere Wohnung zwar unter der Erde bleibt aber immer trocken."
Sie schaute gespannt in die Gesichter der Zuhörer. Als niemand in der Runde etwas dagegen einzuwenden hatte, fuhr sie fort: „Am besten fangen wir gleich nach dem Mittagessen mit der Suche an."
Dann schaute sie zu Duftnäschen: „Willst du dabei sein oder soll Resa dich lieber nach Hause bringen? Du hast doch sicherlich auch für deinen Umzug noch eine Menge zu tun." Aber Duftnäschen wollte bei der Suche helfen.
Nicht weit entfernt von der alten Kiefer, die am Rande der Mellenhagener Heide wuchs, fanden sie eine kleine Erhebung in der Landschaft. Die sagte allen Beteiligten zu. Regina ließ sogleich den Platz kennzeichnen. „Hier werden wir in Zukunft wohnen. Wir müssen jetzt einen Namen für diesen Hügel suchen. Bambelbi meinte, dass die Erhebung ja durch die Arbeit der Biber bestimmt noch höher werden würde und deshalb „Bombusberg" passend wäre.
Alle mochten diesen Namen sofort. Regina sagte als wäre ihr neues Zuhause schon fertig: „Der Bombusberg wird bald die schönste Hummelburg der ganzen Gegend." Dann fügte sie stolz hinzu: „Schon morgen können die Castors mit dem Transport beginnen."
Wieder vor dem Hummelnest angekommen, bat die kleine Hexe ihre Freundin Resa sie noch zur Spechthöhle zu bringen. Sie wollte mit ihnen über ihre neue Wohnung sprechen.
Einen so herzlichen Empfang hatten die beiden Besucher nur selten erlebt. Picusine Wudpecker hatte ihre Verletzung vom letzten Unwetter

bestens überstanden und zeigte Duftnäschen voller Freude ihren Flügel. Er war wieder völlig intakt.
„Schmerzen habe ich auch keine mehr. Wie gut, dass du mir geholfen hast. Jetzt sind meine Sprösslinge flügge, und in ein paar Tagen werden sie ganz ohne unsere Hilfe zurecht kommen," sagte Picusine, und blickte dabei glücklich zu ihrem Mann Martius. Der stolze Spechtvater rief seine Nachkommen zu sich, damit sie sich der kleinen Hexe und Resa vorstellten. Vier kräftige, wohlgenährte Schwarzspechte schlüpften aus der Höhle und setzten sich noch etwas schüchtern neben ihren Eltern auf den Ast und sagten artig „Guten Tag".
Duftnäschen bedankte sich bei Martius noch einmal herzlich für seine große Wachsamkeit. „Außerdem hast du bei mir auf meiner Geburtstagsfeier so wunderbar getrommelt, dass alle Gäste ganz begeistert waren. Heute habe ich eine Bitte an dich und Picusine. Wenn eure Kinder aus dem Haus sind, würde ich gerne eure Wohnung übernehmen. Ich habe gehört, dass ihr dann sowieso auszieht und euch eine neue Wohnung baut. Stimmt das?" „Wir bauen nicht nur eine neue Wohnung. Wir haben hier in der Umgebung ohnehin mehrere Höhlen gebaut, in denen wir gerne einmal schlafen. Auf eine Höhle mehr oder weniger kommt es uns gar nicht an. Wenn du willst, bauen wir dir eine ganz neue Wohnung." Martius sah seine vier Sprösslinge an, die nun stolz ihre kräftigen Schnäbel zeigten.
Aber das wollte Duftnäschen auf gar keinen Fall. „Dieser Baum wurde vom Blitz getroffen und ist seit dem erheblich geschädigt. Beim nächsten großen Sturm würde er wahrscheinlich sowieso umfallen. Für mich ist eine Höhle in Erdnähe günstiger. Deshalb würde mir der Biber den Baum fällen - wenn ihr nichts dagegen habt." Picusine wunderte sich nur, was so ein kleines Hexlein mit einer so großen Spechthöhle anfangen wollte. Aber sie dachte an die wundersame Heilung ihres Flügels und sagte nur: „Der Biber wird mit dem Buchenholz aber seine Probleme bekommen. Wenn du willst, können ja wir Wudpecker helfen. Unsere vier Kinder müssen lernen, ihre Schnäbel zu gebrauchen."

Duftnäschen konnte es kaum glauben, dass es so viele hilfsbereite Nachbarn in ihrer Nähe gab. Staunend fragte die kleine Hexe noch einmal nach: „Könnt ihr wirklich diesen dicken Buchenstamm fällen? Und vielleicht schafft ihr es sogar, dass der Eingang zur Höhle auf der Südseite liegt? So könnte ich die Mittagssonne direkt vor der neuen Wohnung genießen."

Diesmal war es Martius, der sich über so viel Umsicht bei Duftnäschen wunderte. Doch etwas verunsichert entgegnete er: „Wir Spechte fällen normalerweise keine Bäume, deshalb will ich das nicht garantieren. Aber falls die Öffnung falsch fällt, picken wir dir eine zweite Eingangstür zur Höhle. Meinst du denn, der Biber kann das?"

Duftnäschen versprach, Fidel Castor am nächsten Tag danach zu fragen. Glücklich verabschiedeten sich Resa und die kleine Hexe von den Spechten. Sie freuten sich auf den nächsten Tag, weil sie dann den Castors berichten konnten.

Auf dem Heimflug sagte Resa dann ein wenig traurig: „Schön, dass wir alle eine neue Wohnung bekommen. Aber leider sind unsere Wohnungen dann noch weiter voneinander entfernt. Ich glaube, für dich ist es dann zu Fuß zu weit zu uns. Aber ich werde gerne zu dir kommen, auch wenn ich dann etwas länger unterwegs bin."

Duftnäschen gab zu, dass sie daran noch gar nicht gedacht hatte. Ihr wurde dabei auch klar, dass sie ohne die kräftigen Bombusse zu Fuß wirklich nur sehr mühsam mit all den anderen Nachbarn zusammenkäme. Bei diesem Gedanken streichelte sie Resa zärtlich über die Nackenhaare.

Als Bambelbi, Resa und die kleine Hexe am nächsten Morgen am Bach ankamen, wurden sie von den beiden Bibern schon mit Spannung erwartet.

Adele Castor wollte genau wissen, was Regina zu ihren Vorschlägen gesagt hatte und ob die Hummeln schon eine Entscheidung getroffen hätten. Bambelbi berichtete, dass ihre Familie sogar schon einen Platz für die neue Wohnung gefunden hatte. Es läge jetzt nur noch an den Castors, das Hummelnest unbeschädigt zu transportieren. Da fielen sich Fidel und Adele Castor in die Arme und beide weinten vor Freude.

Fidel Castor meinte dann zu Bambelbi: „Wenn ihr uns den Weg zeigt, kommen wir gleich mit euch mit."

Zu Duftnäschen sagte er: „Sobald die Spechte ihre Höhle verlassen haben, werden wir den Baum im Walde für dich fällen. Danach können wir den Damm zu Ende bauen." Seine kleinen Ohren wackelten lustig hin und her. Man sah ihm die Erleichterung an.

Die kleine Hexe fragte ihn noch, ob er die Buche so fällen könnte, dass der Eingang zu ihrer Höhle an der Südseite des Stammes zu liegen kommt.

„Wir sind Meister im Baumfällen," antwortete ihr stolz die Biberfrau, „das ist fast das erste, was wir Biber lernen müssen." Sie blickte auf ihr Bäuchlein und dachte dabei an die kleinen Biberkinder.

Kann man ein ganzes Haus transportieren?

Kurz darauf einigten sich Resa, Bambelbi und Duftnäschen, den Umzug gleich heute zu wagen.
Wenige Minuten später krabbelte Duftnäschen wieder bei Resa auf den Rücken und sie flogen los. Die Biber nahmen sich ein paar saftige, grüne Zweige als Marschverpflegung mit. Zu Fuß waren sie nicht so ausdauernd und geschickt wie unter Wasser.
Als Resa und Bambelbi nach einer Weile vor der Hummelhöhle landeten, waren die beiden Biber froh, endlich eine Pause machen zu können. Alle Hummeln kamen aufgeregt aus ihrer Höhle und betrachteten die seltsamen Ungetüme.
Regina setzte sich vor den beiden Castors auf eine Löwenzahnblüte und sagte ernst, wie man es von einer Königin erwartete:
„Liebe Castors, ich nehme an, dass ihr damit einverstanden seid, unser ganzes Haus auf den kleinen Hügel zu bringen. Ich hoffe, dass wir alle gemeinsam diese schwierige Aufgabe lösen werden."
Dann schaute sie in die Runde und bat alle Familienmitglieder, fleißig dabei zu helfen.
Adele und Fidel Castor bedankten sich bei der Königin für ihr Verständnis. Sie versprachen, sorgfältig und behutsam beim Umzug vorzugehen.
Sie aßen zur Stärkung einen großen Teil der mitgebrachten zarten Zweige. Dann begannen sie sofort mit dem Ausgraben des Hummelnestes. Die kräftigen Hände gruben sich schnell rundherum in den Boden. Das Nest kam mehr und mehr zum Vorschein. Das ganze Hummelhaus wackelte dabei bedenklich. In den Kinderzimmern fingen die ersten kleinen Maden ängstlich an zu weinen.
Duftnäschen bemerkte, dass die Seitenwände doch ziemlich zart und wackelig waren. Auch sie befürchtete das Schlimmste. Sie wollte unbedingt, dass den Hummeln kein Schaden zugefügt wurde. Unauffällig holte sie aus ihrer kleinen Tasche ein kleines, goldenes Döschen. In dieses

Kleinod hatte ihre Mutter Bonbonbon die wertvollsten Zauberdüfte und Hexenpulver gefüllt.
Sie pustete vorsichtig hinein. Ein zarter Hauch wehte etwas davon zum Hummelnest und zu den Bibern. Dann fasste sie sich an die Nasenspitze und sagte:

Tausend Jahre alter Pollen
und der Duft von Weihnachtsstollen,
macht an diesem Hummelnest
alle Wände stark und fest.

Schon als sie ihr kostbares Döschen wieder in der Tasche verstaut hatte sah sie, wie die Hülle aus Wachs und Pergament dicker und stärker wurde. Kurze Zeit darauf hatten die beiden Castors das ganze Hummelnest mit allen Kammern unversehrt freigegraben.
„So," sagte Fidel Castor, „das war ein gutes Stück Arbeit. Wenn Adele mir jetzt dabei hilft, das Nest auf meinen Schwanz zu laden, können wir es zum Bombusberg bringen."
Sie bugsierten das Hummelnest vorsichtig aus der Erde heraus und setzten es auf Fidels breiten Schwanz. Er hob dabei das Schwanzende etwas an, damit das Nest nicht hin und her wackeln konnte. Dann trottete er los. Die ganze Familie Bombus umkreiste aufgeregt die Köpfe der beiden Biber.
Es war mittlerweile Nachmittag geworden, als sie endlich auf dem kleinen Hügel angelangt waren. Der starke Fidel Castor schnaubte erleichtert, als er mit Adeles Hilfe das unversehrte Hummelnest abgeladen hatte. Dann legte er sich erst einmal für ein paar Minuten ins Gras, um sich von der Anstrengung zu erholen.
Danach ging alles sehr schnell. Beide Biber wirbelten mit ihren Händen den Erdboden in die Höhe. Schon eine Stunde später war das Hummelnest eingebaut und die beiden Castors hatten sogar Grasbüschel auf den neuen Hügel gepflanzt. Alle Zimmer waren unversehrt und auch in den Vorratskammern waren alle Behälter heil geblieben.

„In ein, zwei Wochen sieht niemand mehr, dass hier jemand neu eingezogen ist,“ sagte die kluge Adele Castor. Dabei blickte sie wieder einmal liebevoll zu ihrem starken Mann. Sie dachte dabei natürlich an ihre gemeinsame Zukunft und an die Geburt ihrer Kinder, die immer näher rückte. Regina war heilfroh, dass der Transport der Wohnung so gut abgelaufen war. Wenn irgend etwas schief gegangen wäre, hätte man natürlich die Königin dafür verantwortlich gemacht. So bedankte sie sich noch einmal im Namen aller Bombusse und verabschiedete sich freundlich von den tüchtigen Helfern. „Falls ihr den Weg zum Bach nicht alleine findet, können Duftnäschen und Resa euch ja heimbringen. Wenn wir hier alles wieder geordnet haben, werden wir euch besuchen kommen und euch ein Fässchen von unserem Met mitbringen.“
Die beiden Biber versicherten, dass sie den Weg zum Bach leicht fänden und machten sich sogleich auf den Heimweg. Man merkte ihnen an, dass sie von der ungewohnten Arbeit müde und kaputt waren. Resa sagte zu Duftnäschen:
„Mit unserer Wohnung hat ja alles wunderbar geklappt. Hoffentlich klappt der Umzug bei dir auch so gut. Wir haben ganz vergessen, die Biber zu fragen, wann sie die große Buche fällen wollen.“
Die kleine Hexe war aber guter Dinge und meinte: „Die Biber wollen ja selber den Damm weiter bauen. Wenn die beiden Spechte nichts dagegen haben, werden die Castors schon morgen mit dem Fällen der alten Buche beginnen.“
Ihr Gespräch wurde durch die Aufforderung der Hummelkönigin Regina unterbrochen, dass alle Anwesenden zu ihr kommen sollten. Sie hatte sich auf die höchste Stelle des Bombusberges gesetzt, so dass ihr alle gut zuhören konnten: „Wir haben heute gelernt, daß es eine Zusammenarbeit auch zwischen ganz unterschiedlichen Völkern geben kann. Wenn nur der Wille zu einem guten Auskommen auf beiden Seiten vorhanden ist. Ganz besonders freue ich mich über die Freundschaft mit Duftnäschen, ich möchte mich im Namen aller Bombusse für ihren Rat bedanken. Ohne sie wäre eine friedliche Lösung mit den Bibern wahrscheinlich nicht zu-

stande gekommen. Bevor wir jetzt wieder an unsere Arbeit gehen, sollen Polli und Pieksi ein Fässchen vom besten Met öffnen. Wir wollen gemeinsam mit unserem lieben Gast auf unser neues Heim anstoßen."
Der kleinen Hexe kamen vor Rührung Tränen in die Augen. Als sie später mit Resa zu ihrer Höhle flog, sagte sie: „Was habe ich nur für ein Glück, daß ich hier bei euch eine neue Heimat gefunden habe. Holst du mich morgen früh wieder ab, damit wir zu den Bibern und den Spechten fliegen können?" Die beiden Freundinnen setzten sich noch eine Weile vor die Tür und schauten den Schmetterlingen und Marienkäfern zu, die sich auf den bunten Blüten der Wiesenblumen in der Abendsonne wärmten.
„Dufti, glaubst du, dass wir mit den Menschen genau so gut auskommen können wie mit den Bibern und den anderen großen Tieren?", fragte Resa. Duftnäschen antwortete: „Ich glaube, es gibt bei allen Tieren und Menschen eine gute und eine böse Seite. Wir müssen immer ganz stark an die gute Seite glauben, damit das Schlechte besiegt werden kann. Manchmal muss man aber ein wenig nachhelfen. Dafür habt ihr Hummeln euren Stachel. Soviel ich weiß, gebraucht ihr den aber gar nicht, oder?" „Du hast recht," antwortete Resa, „aber wenn wir stechen, ist das furchtbar schmerzhaft für unsere Feinde, und manchmal kann es sogar tödlich für sie sein. Deshalb stechen wir nur, wenn wir uns in Lebensgefahr befinden. Oder wenn jemand unsere Familie oder unsere Kinder bedroht.

Weide
Hexenlatein, S. 98
21

Ein Specht macht sich vor Angst in die „Hose“

Am nächsten Morgen flogen Resa, Bambelbi und Duftnäschen erst einmal zu den Wudpeckers. Vater Martius konnte gar nicht glauben, dass die Biber wirklich eine große Buche so abnagen können, dass die Öffnung der Höhle genau in Südrichtung fällt. Duftnäschen fragte, wann sie die Castors zum Baumfällen holen könnte. Picusine antwortete: „Unsere Kinder sind groß, die sollen jetzt selber für sich sorgen. Martius und ich werden noch ein paar Tage auf sie aufpassen und ihnen einige Kunststücke beibringen. Wenn eine Gefahr droht, trommeln sie das SOS bestimmt genau so gut wie ich oder Martius. Die Biber dürfen so schnell sie wollen mit ihrer Arbeit beginnen.“

Resa und Bambelbi flogen sofort mit Duftnäschen zum Bach. Es dauerte aber eine ganze Weile, bis sie Fidel Castor entdeckten. Er lag mit geschlossenen Augen ausgestreckt unter einer Weide. Als er sich mühsam auf seinen breiten Schwanz setzte, merkte Duftnäschen sofort, dass irgend etwas mit seinem Hinterteil nicht stimmte.

„Oh, oh, oh,“ sagte er, „ich mag meinen Schwanz keinen Zentimeter rühren. So einen Muskelkater habe ich noch nie in meinem Leben gehabt. Beim Transportieren des Hummelnestes habe ich noch gar nichts gespürt. Ich habe vor lauter Schmerzen heute noch nicht einmal gefrühstückt.“

Die kleine Hexe sagte ihm, dass er die Rinde und die Blätter von einer Weide*[21] essen sollte. Darin befände sich ein schmerzstillender Saft. Außerdem holten Duftnäschen, Resa und Bambelbi zur besseren Durchblutung eine Salbe aus Ameisensäure.

Schon wenige Minuten später hatte Fidel Castor einige Zweige von der Weide abgenagt. Nun schabte er mit seinen scharfen Zähnen die saftige Rinde ab und schluckte sie gierig hinunter, denn er hatte großen Hunger und sie schmeckte ihm sehr gut. So auf nüchternen Magen wirkte diese

Medizin besonders schnell. Als ihm dann Duftnäschen auch noch die Salbe zum Einreiben gab und er sich damit behandelt hatte, wurde sein Gesichtsausdruck zusehends freundlicher.
Dann huschte er flink ins Wasser und wenige Minuten später kam er mit Adele zurück. Seine Frau hatte in ihrer Höhle damit begonnen Polster zu bauen, damit es für ihre Kinder gleich nach der Geburt weich, warm und kuschelig sein sollte. „Die Zeit vergeht schneller als man denkt. Schon in wenigen Wochen müssen wir unsere Wohnung und den Damm fertig haben. Deshalb wäre es uns am liebsten, heute noch mit dem Fällen der Buche zu beginnen. Fidel ist dank Duftnäschens Medizin ja schon fast wieder gesund. Und zum Nagen brauchen wir ja unsere Zähne und nicht unser Hinterteil," sagte Adele.
„Na, dann los," sagte Fidel, „fliegt ihr voran und zeigt uns den Weg." Man merkte, dass er wieder gut gelaunt war und seinen Muskelkater schon fast vergessen hatte.
Der Weg war nicht sonderlich beschwerlich für die Castors. Nur am Waldrand hatte Fidel Castor einige Schwierigkeiten, sich durch die Brombeersträucher und das dort üppig wachsende Farnkraut zu kämpfen. Wegen seines Muskelkaters ließ er seinen breiten Schwanz die meiste Zeit einfach auf dem Boden entlang gleiten. Unangenehmer Weise blieb er ein paar Mal an den Dornen der langen Brombeerranken hängen.
Als sie bei der dicken Buche ankamen, bot Picusine den Bibern an, ihnen bei dieser schwierigen Aufgabe zu helfen. Es war ihr Wunsch, dass ihre großen Kinder die kräftigen Schnäbel sinnvoll ausprobieren konnten. Adele Castor willigte sofort ein. Sie hatte volles Verständnis dafür, dass die Specht-Kinder noch viel lernen sollten. Fidel sagte: „Ich würde auch gerne einmal sehen, wie ihr ohne Nagezähne mit der Bearbeitung des Holzes fertig werdet. Wir sollten gemeinsam mit der Arbeit beginnen."
Er zeigte kurz über dem Erdboden auf den Buchenstamm und fing dann auch sofort an, seine scharfen Nagezähne zu gebrauchen. Adele machte sich auf den anderen Seite des Stammes an die Arbeit. Alle sechs Spechte trommelten mit ihren harten Schnäbeln so schnell in das saftige Holz,

Suche folgende Pflanzen und Tiere auf dem bunten Bild der vorigen Seite. Sie heißen:

1 Kohlmeise
2 Eisvogel
3 Eichhörnchen
4 Biber
5 Erdhummel
6 Maus
7 Bisamratte
8 Kleiber

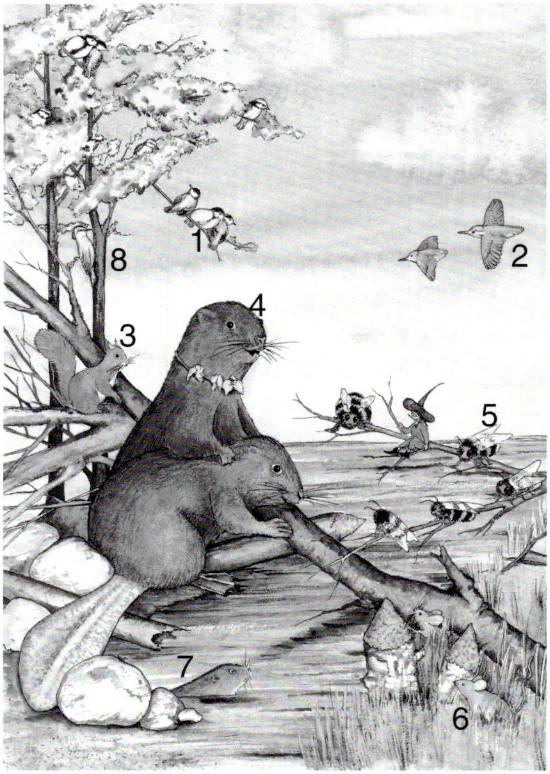

17

18

Met: Honigwein, wird aus vergorenem Honig hergestellt.

19 Adele und Fidel Castor
(von *Castor fiber* = lat. Biber)

20

Hubertus Hasenbrot:
Tierfreund und Jäger (von Hubertus: Schutzpatron der Jäger; Hasenbrot: Picknickbrot, das man wieder mit nach Hause bringt)

Viola: Tochter des Jägers
(von Viola = lat. Veilchen)

Vanessa: Frau des Jägers
(von *Vanessa cardui*
= lat. Distelfalter, siehe unten)

Hubertustag: Gedenktag an den Schutzpatron der Jäger, eigentlich am 3. November, hier im Buch ist es der 21. Juni, der Tag der Sommersonnenwende.

Jux: Hund des Jägers (von Jux: Spaß, Scherz)

Suche folgende Pflanzen und Tiere auf dem bunten Bild.
Sie heißen:

1 Perlmutterfalter
2 Kuckucks-Lichtnelke
3 Wiesen-Glockenblume
4 Knabenkraut, eine seltene Orchidee
5 Weiße Taubnessel
6 Maus
7 Biene
8 Aurorafalter
9 Brombeerzipfelfalter
10 Streifenwanze
11 Bänderschnecke
12 Marienkäfer
13 Löwenzahn
14 Wiesen-Margarite

dass die Späne wie bei einer Motorsäge zur Seite geschleudert wurden. Duftnäschen, Resa und Bambelbi konnten von den Wudpeckern nur in den Pausen den Kopf erkennen. Während der Arbeit war nur ein langer, roter Strich und darunter ein dicker schwarzer Streifen zu sehen. Schon nach einer kleinen Weile war rund um den Baum herum eine deutliche Einkerbung entstanden. Ab und zu ging Fidel Castor um den Stamm herum und begutachtete das gemeinsame Tun.

Der Lärm von sechs Spechtschnäbeln tönte laut durch den Wald und hatte nach einiger Zeit viele neugierige Zuschauer angelockt. So ein Spektakel hatten die Tiere in dieser Gegend noch niemals gehört und gesehen. Der stolze Rehbock Georg war gleich mit mehreren Ricken gekommen. Einige Wildschweine guckten verwundert aus dem Unterholz hervor. Viele kleine Tiere hatten sich ringsherum einen Sitzplatz gesichert.

Fidel und Adele Castor waren genauso wie Martius und Picusine Wudpecker stolz darüber, dass sie den vielen Tieren zeigen konnten, wie gut

sie sich mit Duftnäschen verstanden. Die vier jungen Wudpeckers durften nach einiger Zeit eine Pause einlegen. Ihnen tat der Hals weh. Fidel Castor schaute immer häufiger in die Baumkrone und gab den drei anderen Mitarbeitern Anweisungen, wo der Stamm weiter eingekerbt werden sollte.

Es konnte nun nicht mehr lange dauern, bis der große Baum gefällt war. Der Wind blies genau aus der gewünschten Richtung, damit der Baum so umfallen würde wie es sich die kleine Hexe gewünscht hatte. Fidel Castor warnte nun alle Zuschauer. Er bat Duftnäschen und Resa, die Gefahrenzone zur Sicherheit noch einmal zu überprüfen. Auch die Spechte sollten zur Sicherheit mit dem Meißeln aufhören.

Alle schauten gespannt auf den weit eingekerbten Stamm der Buche, an dem die beiden Biber nun mit ihren kräftigen Zähnen die letzten Späne abnagten. Es war mucksmäuschenstill geworden.

Doch dann geschah etwas, womit niemand gerechnet hatte: Bei ihrem Kontrollflug entdeckten Duftnäschen und Resa als erste die merkwürdige Gestalt. Sie stand genau dort, wo nach den Berechnungen des Bibers die Baumkrone der Buche hinfallen sollte. Eine unbekannte Person in Jägerkleidung hatte sich gegen den Wind herangeschlichen. So war sie auch von den Tieren mit einer sehr guten Nase nicht wahrgenommen worden.

Die Gestalt hatte einen merkwürdigen Kopf mit großen, runden Gläsern vor den Augen. Vor dem Mund befand sich eine von unten durchlöcherte, platte Blechdose.
Duftnäschen erkannte die Gefahr sofort. Es war der Jäger mit einer Gasmaske über dem Kopf, damit ihm der Blütenstaub der Buschwindröschen nicht schaden konnte!
Das also war seine List! Schnell blickte Duftnäschen in die Runde und erkannte, dass alle Tiere gespannt den beiden Castors bei der Arbeit zusahen. Niemand bemerkte, wie der Jäger sein Gewehr nahm, um nun doch noch den stolzen Georg zu erlegen.
Zufällig entdeckte die kleine Hexe, dass sich Martius Wudpecker genau über dem Jäger auf einen Ast gesetzt hatte. Das war die Lösung. Schnell fasste sie sich an die Nase und sagte leise:

*Martius Dryocopus**7*,*
verhindere des Jägers Schuss,
auch die Maske hilft ihm nicht,
denn sie nimmt ihm seine Sicht.

Kaum hatte Duftnäschen den Zauberspruch aufgesagt, da sah der arme Vater Martius den Jäger unter sich. Vor Angst bekam er ganz plötzlich ein merkwürdiges Gefühl in der Magengegend. Und wie man weiß, geht Angst oft in die Hose. Da unser Specht aber keine Hose an hatte, ging die „Angst“ in hohem Bogen genau bei dem Jäger auf die großen Augenöffnungen der Gasmaske und versperrte ihm jede Sicht.
Der verdutzte Jäger sprang vor Schreck in die Höhe und ließ dabei sein Gewehr fallen. Er riss sich die Gasmaske vom Kopf und torkelte dabei in die Richtung zur Buche. Fassungslos schaute er die stark verschmutzte Gasmaske an. Noch mehr staunte er dann über die vielen Tiere, die alle wie gelähmt dastanden. Martius Wudpecker konnte gar nicht glauben, was er mit seiner Angst und der daraus entstandenen Darmschwäche angerichtet hatte.

Ein neuer Freund

Duftnäschen war mit dem Ergebnis ihres Zauberspruches sehr zufrieden. Nun sah sie plötzlich eine Möglichkeit, den Jäger zum Freund aller hier lebenden Tiere zu machen. Sie fasste sich deshalb noch einmal an ihre Nasenspitze und flüsterte:

Hilf, Poseidon, Gott der Winde,
und zeige diesem Menschenkinde,
dass er sich dann nur frei erhebt,
wenn er mit uns in Freundschaft lebt.

Eine plötzliche Windböe erfasste die Krone der Buche. Schneller als es der Jägersmann und die überraschten Zuschauer begriffen, krachte der riesige Baum zu Boden. Der arme Jäger wollte noch flüchten, er verfing sich jedoch in einer Brombeerranke und stolperte. Ein großer Ast der Buche traf ihn an der Schulter und begrub ihn unter sich. Ein Seitenast drückte seinen rechten Arm fest auf den Boden. Es dauerte eine Weile, bis sich die ersten Tiere vom Schreck erholt hatten. Dann näherten sie sich neugierig dem Verunglückten, der wie tot unter den Ästen der Buche begraben lag. Duftnäschen flog mit Resa und Bambelbi ein paar Mal um den Körper des Jägers herum. Dann landeten sie direkt neben seinem Kopf auf einem Zweig.

Der arg getroffene Mann atmete schwer. Als er Duftnäschens Stimme vernahm, hatte er große Mühe seinen Kopf zu drehen. „Ich weiß, dass du ohne die Hilfe meiner Freunde sterben musst, weil du dich nicht selber befreien kannst.“ Die kleine Hexe hüpfte nun auf einen Zweig, der sich genau in Blickrichtung vor den Augen des Jägers befand. “Ich bin Duftnäschen. Du kannst mit mir reden, auch wenn dir das komisch vorkommt. Ich spreche im Namen aller Tiere hier in dieser Gegend. Ich werde ihnen alles übersetzen. Versprich, dass du uns in Zukunft helfen wirst und unser Freund sein willst! Dann werden wir dich befreien.“

Der Jäger wusste nun wirklich nicht mehr, ob er nur träumte. Er sah die kleine Hexe verwundert an und bat nach einer Weile darum, dass ihn jemand kräftig kneifen sollte.

Da nur Duftnäschen den Jäger verstehen konnte, bat sie alle anwesenden Tiere: „Lauft nicht davon und fürchtet den hier gefangenen Menschen nicht mehr. In Zukunft wird er mit uns allen hier in dieser Gegend friedlich leben und uns bestimmt helfen. Es wird schwierig, ihn aus seiner misslichen Lage zu befreien. Zuerst muss Fidel Castor den Jägersmann kräftig kneifen. Er glaubt sonst nicht, was hier geschieht.“

Nun kamen alle Zuschauer näher und näher, um sich das Gesicht des Jägers anzusehen. Wie ein Freund sah er nicht aus. Aber sie wussten ja, dass man nicht nur nach dem Aussehen urteilen soll. Die großen Tiere kamen nur sehr vorsichtig und zögernd heran. Aber dann kniff der dicke Biber dem unter den Ästen liegenden Menschen kräftig in den Hintern. Dieser rief laut „Au!“ Danach hatten auch die ängstlichen Tiere keine Angst mehr.

„Na,“ sagte Duftnäschen zum Jäger, „versprichst du nun, unser Freund zu werden?“ Der arme Mann begriff, dass es unmöglich war, sich selber zu befreien. Außerdem glaubte er nun langsam daran, dass dies alles nicht mit rechten Dingen zuging.

Er dachte auch an seine letzten, sonderbaren Erlebnisse hier im Walde. Er erinnerte sich dabei an das Summen und Brummen der Hummelflügel, das er jedes Mal gehört hatte.

Dann holte er tief Luft und antwortete: „Duftnäschen heißt du? Ich bin Hubertus Hasenbrot*[21]. Wenn du mich retten kannst, will ich alles tun, was du möchtest. Euer Freund hier im Walde will ich gerne sein. Ich habe mich schon immer als Tierfreund gefühlt. Ich verspreche, auf keinen Fall mehr mein Gewehr zu gebrauchen.“

Bald hatten die beiden Biber den schweren Ast über seinem Arm soweit abgenagt, dass ihn der Rehbock Georg Capreolus zur Seite stemmen konnte. Drei Wildschweine buddelten mit ihren kräftigen Schnauzen eine Aushöhlung unter dem Körper des eingeklemmten Mannes, wobei ihnen einige Kaninchen halfen. Endlich war der Jäger nicht mehr eingeklemmt und konnte sich mühsam unter dem dicken Ast herauswinden.

Er reckte und streckte sich erst einmal. Er hatte sich wirklich nichts gebrochen! Dann setzte er sich auf einen Ast und schaute ungläubig in die Runde. Er sagte zu Duftnäschen: „Sag allen Freunden, dass ich mich herzlich für die Rettung bedanke. Wenn es möglich ist, möchte allen eine Freude machen.“ Immer wieder schüttelte Hubertus Hasenbrot ungläubig den Kopf: “Ich kann es immer noch nicht begreifen, was hier geschehen ist.“

Er war sehr gerührt, und auch Adele Castor konnte ihre Anteilnahme nun nicht mehr verbergen. Sie ging ganz nahe zum Jäger. Ehe sich dieser versah, leckte sie ihm zärtlich über das Gesicht.

Die meisten der Tiere hatten einen Menschen aus einer so geringen Entfernung noch nie gesehen. Viele der neugierigen Gäste sahen sich deshalb den geretteten Jägersmann von allen Seiten genau an. Es war schon eine merkwürdige Situation.

Der Jäger fühlte sich wie ein seltenes Tier im Zoo. Andererseits freute er sich die Tiere ganz nahe zu sehen, die sonst nur in der Ferne vorbei huschten.

Es wurde beschlossen, dass Duftnäschen die Wünsche der Waldbewohner sammelte und in ein paar Tagen dem neuen Freund mitteilen sollte.

Vorher wollte die kleine Hexe umziehen, damit auch die Biber ihren Damm wieder in Ordnung bringen konnten. Alle wollten sich dann erneut hier treffen. Damit alle noch einmal erinnert wurden, sollte der Specht Martius Wudpecker dreimal hintereinander laut trommeln.

Dann löste sich die Runde auf. Der stolze Georg stellte sich mit erhobenem Haupt vor den Jäger und schabte mehrmals mit dem Vorderhuf auf dem Boden. Wie immer wollte er den Ricken zeigen, was für ein toller, mutiger Bock er doch war.

Von nun an wird alles anders

Hubertus Hasenbrot erhob sich mühsam und schaute sich selber an. Er war ziemlich schmutzig. So konnte er unmöglich bei Tageslicht zu Hause ankommen. Er schaute fragend zu Duftnäschen.
„Ich möchte vor dem Dunkelwerden nicht nach Hause gehen. Vielleicht kannst du mir ja bis dahin erklären, was sich hier in der letzten Zeit so alles verändert hat. Ich glaube, hier ist nicht alles mit rechten Dingen zugegangen. Du bist zwar winzig klein aber die Tiere reden mit dir und hören auf dich. Vielleicht kannst du ja sogar zaubern?“ Dabei sah er auf die dreckige Gasmaske. Er dachte an seine “Pollenallergie“ und den umgefallenen Baum, der ihn gefangen hatte, ohne ihn zu verletzen.
Ein bisschen Mitleid hatte Duftnäschen nun auch mit dem Jäger Hubertus. Sie antwortete ihm freundlich: „Ich werde dir alles in Ruhe erklären. Ich muss aber unbedingt erst nachsehen, ob der Eingang der Spechthöhle auch wirklich nach Süden zeigt. Außerdem wollen die Biber wieder zum Bach zurück. Am besten wird es sein, wenn du uns begleitest. Dann kann ich dir auf dem Weg vieles erzählen. Du kannst dich unten am Bach waschen und die Gasmaske reinigen.“
Der umgefallene Baum hatte natürlich den Wald an dieser Stelle mächtig verändert und die obere Hälfte des Stammes war unter den vielen Ästen, Zweigen und Blättern für die Biber nur schwer zu erreichen. Mühsam quälten sich Adele und Fidel Castor bis zum Eingang der Spechthöhle. Picusine und Martius Wudpecker warteten dort schon. Auch der Jäger folgte Duftnäschen nun neugierig, die flink auf Resas Schultern gekrabbelt war und mit ihr und Bambelbi zu den Baumfällern flog. Zwischen den Baumkronen war eine große Lichtung entstanden. Die warmen Sonnenstrahlen konnten nun ungehindert bis zum Boden durchdringen.
Die beiden Hummeln landeten im Eingang der Höhle. Er befand sich tatsächlich genau auf der Südseite des Baumes und wurde vom hellen Schein der Nachmittagssonne beleuchtet. Duftnäschen konnte ihr Glück noch

gar nicht fassen. Picusine sah ihr die Neugierde an. Sie ermunterte die kleine Hexe erst einmal einen Rundgang durch die riesige Spechtwohnung zu machen.
Außerdem warteten alle Wudpeckers gespannt darauf, Duftnäschens Überraschung zu erleben. Sie hatten nämlich vorher die Wohnung gründlich gereinigt. So stand dem sofortigen Umzug nichts mehr im Wege. Martius sagte zu Fidel: „Daß wir den dicken Baum so schnell und reibungslos fällen konnten, haben wir deiner großen Erfahrung zu verdanken. Ich hätte niemals gedacht, dass die Fallrichtung der Buche so genau eingehalten werden kann."
Nach einer Weile kam Duftnäschen wieder im Eingang ihrer neuen Wohnung zum Vorschein. Alle sahen ihr an, wie sehr sie beeindruckt war: „So groß und schön hatte ich mir euer Zuhause nicht vorgestellt," sagte sie zu den Spechten, „und alles ist sauber wie in einem Neubau. Wann habt ihr das denn alles gemacht?"
Leider konnte Jäger Hubertus Hasenbrot die Tiere nicht verstehen. Er wartete ganz ungeduldig darauf, dass ihm die kleine Hexe alles erklärte. Duftnäschen fragte gerade Fidel Castor, ob er noch Zeit habe. Die beiden Biber hatten jedoch Hunger und wollten so schnell wie möglich zum Bach zurück.
Duftnäschen fragte nun die Familie Wudpecker, ob einer von ihnen ihr noch neben dem Eingang ein kleines Fenster meißeln könnte. Außerdem wünschte sie sich auch noch eine Öffnung auf der Rückseite des Baumes für einen Ausblick zur Nordseite.
Picusine antwortete: „Wir werden gleich damit anfangen. Wenn wir und unsere Sprösslinge kräftig unsere Schnäbel gebrauchen, sind wir bestimmt bis heute abend damit fertig. Du kannst beruhigt nach Hause gehen und mit den Vorbereitungen für den Umzug beginnen. Eins musst du mir aber noch sagen: Warum ist der Jäger immer noch hier? Hat der sich auch in die Hose gemacht und traut sich deshalb nicht nach Hause?"
Nun mussten alle lachen und schauten dabei zum geduldig wartenden Hubertus Hasenbrot. Dieser merkte sofort, dass die Tiere einen Spaß

über ihn gemacht hatten. Das Lachen versteht man in allen Sprachen. Er fragte Duftnäschen, warum sie ihn auslachten.
Aber die kleine Hexe dachte, dass der Jäger über diesen Spaß sicherlich nicht lachen könnte und sagte, dass sich die Spechte über einen neuen Freund freuten. Noch vor ein paar Tagen hatte Martius alle Waldtiere vor ihm gewarnt. Erst als Duftnäschen Hubertus auch noch das SOS-Zeichen erklärte, erinnerte er sich an das Tak tak tak, drrrrrrt drrrrrrt drrrrrrt, tak tak tak. Insgeheim ärgerte er sich, dass er dieses Signal vorher noch nicht bemerkt hatte. Nun wusste er auch, warum er in letzter Zeit kaum noch wilde Tiere zu sehen bekam. Das würde sich in Zukunft ja wohl ändern. Darauf freute er sich besonders. Denn er war zum großen Teil deshalb Jäger geworden, um die Tiere in freier Wildbahn zu erleben.
Er sagte zur kleinen Hexe: „Ich bin ganz froh darüber, dich kennen gelernt zu haben. Ich werde viele Dinge hier im Walde von nun an mit ganz anderen Augen sehen. Vielleicht kann ich dir ja auch mal behilflich sein. Heute könnte ich dir mit meinem Messer eine Leiter für den Eingang zu deiner Wohnung schnitzen. Dann brauchst du nicht immer den ganzen Baumstamm entlang zu gehen, wenn du in die Höhle willst."
Duftnäschen freute sich über das Angebot und verfolgte nun gespannt, wie er die Leiter anfertigte. Hubertus war ein sehr geschickter Mann: In wenigen Minuten hatte er mit seinem scharfen Jagdmesser aus einem Buchenzweig eine wunderschöne Treppe geschnitzt. Er stellte sie an den Eingang, nachdem er auch dort eine passende Kerbe eingeschnitten hatte. Daneben befestigte er noch einen dünnen, glatten Zweig als Geländer.
Die kleine Hexe war sehr beeindruckt von seiner Handwerkskunst. Nachdem sie mehrere Male hinauf und hinunter gestiegen war, sagte sie: „So eine schöne Treppe lädt bestimmt jeden Freund ein, mich in meiner neuen Wohnung zu besuchen. Schade, dass du so groß bist.
Dann verabschiedeten sich Duftnäschen und die Hummeln von den fleißigen Spechten, die bereits an den Fensterhöhlen meißelten. Hubertus Hasenbrot bot den beiden Hummeln und Duftnäschen an, sie auf seine

Schulter zu setzen. Resa und Bambelbi brauchten sich dann nicht so anzustrengen und Duftnäschen könnte ihm ja unterwegs einige neue Begebenheiten hier im Walde erklären. Außerdem wäre sie dann ganz in der Nähe seiner Ohren und brauchte nicht so laut zu sprechen.
Für Hubertus Hasenbrot war es die interessanteste Geschichte, die er seit langem gehört hatte. Als er vom Besuch in seinem Garten wegen der Pferdebohnen erfuhr, musste er laut lachen. Man merkte ihm an, dass er zusehends fröhlicher wurde. Es tat ihm nicht mehr leid, dass gerade er ein Opfer der kleinen Hexe geworden war.
Auch Resa und Bambelbi genossen es, in aller Ruhe durch die Landschaft getragen zu werden.
Am Bach staunte der Jäger, wie groß und gewaltig der Damm der beiden Castors schon war und wie viele Pappeln und Weiden sie dafür gefällt hatten. Er freute sich sehr, dass sich hier eine Biberfamilie ansiedeln wollte. Für ihn waren die Plattschwänze sowieso keine jagdbaren Tiere. Nur um einen Pelzmantel aus einem Tier zu machen - das war für ihn noch niemals ein Grund für die Jagd gewesen! Er und seine Freunde hatten sogar einen Brief an die Regierung geschickt. Alle seltenen Tiere sollten danach geschützt werden. Und seit einigen Jahren stand der Biber wirklich unter Naturschutz.
Adele und Fidel Castor kamen sofort ans Ufer. Ein Stein war ihnen vom Herzen gefallen. Endlich stand ihrem Familienglück nichts mehr im Wege. Ganz konnte es Hubertus Hasenbrot noch immer nicht fassen, dass jetzt alle Tiere ein so großes Zutrauen zu ihm hatten. Er wünschte sich, auch die Sprache der Tiere verstehen zu können. Er wollte in Zukunft gut aufpassen, damit er wenigstens ab und zu ein paar Brocken verstand. Vielleicht würde es ihm gelingen, eine gewisse Anzahl Wörter der Tiersprache selber zu sprechen.
Er reinigte sich gründlich im Bach.
Fidel Castor ließ sich nun noch einmal eine kleine Menge von der Ameisensäure-Salbe geben, denn beim Schwimmen hatte er seinen Muskelkater im Schwanz wieder stärker gespürt. Duftnäschen bedankte sich noch

einmal herzlich bei den beiden Bibern für das Fällen der Buche. Die Hilfe der Castors bei ihrem Umzug lehnte sie aber entschieden ab: „Ihr habt jetzt schon so viel für uns getan. Ihr müsst euch erst einmal ausruhen. Außerdem könnt ihr ab morgen den Damm wieder in Ordnung bringen. Ich werde mit meinem Umzug spätestens in zwei Tagen fertig sein. So schnell wird das Wasser ja nicht steigen..."

Duftnäschen und ihre beiden Freundinnen hatten nichts dagegen, dass der Jäger sie noch bis zum Bombusberg begleiten wollte. „Ich gehe dann durch die Mellenhagener Heide nach Hause. Das ist sogar eine Abkürzung für mich. Meine Frau macht sich bestimmt schon Sorgen.

Am Bombusberg hatte sich die Neuigkeit vom Unglück des Jägers bereits herumgesprochen. Niemand war überrascht, als Resa, Bambelbi und Duftnäschen auf den Schultern des Jägers ankamen.

Hanni, Pieksi und Polli flogen sofort ein paar Mal um seinen Kopf herum, um sich den Neuling aus aller Nähe anzusehen. Dann setzten sie sich neben Resa und Bambelbi auf seine Schulter. Die kleine Hexe musste dem verdutzten Hubertus die freundlichen Worte zur Begrüßung übersetzen. Der überraschte Mann musste sich erst daran gewöhnen, dass ihm die Tiere so dicht „auf die Pelle" rückten. Und bei den dicken Hummeln hatte er auch ein wenig Angst vor ihren spitzen Stacheln.

Die Königin Regina ließ sich nicht blicken. Dazu war der Besuch des Jägers doch zu überraschend und unangemeldet. Und das gehörte sich ja, wenn man eine Königin besuchen wollte! Hubertus Hasenbrot ließ ihr schöne Grüße ausrichten.

„Ich würde mich sehr freuen, wenn ihr mich in meinem Garten besuchen kommt. Die Apfelbäume blühen nur noch wenige Tage, da müsst ihr euch beeilen." Dann fügte Hubertus hinzu: „Ihr könnt mich ja noch auf meinem Heimweg begleiten. Da bin ich nicht so alleine."

Duftnäschen wollte aber lieber ihren Umzug vorbereiten. Pieksi und Polli freuten sich, den neuen Freund noch ein Stück zu begleiten.

So verabschiedeten sich alle voneinander. Hubertus erinnerte Duftnäschen noch einmal daran, dass er sich für seine Rettung unbedingt noch extra bedanken wollte. Alle Tiere sollten sich etwas wünschen.

Als Duftnäschen wenig später vor ihrer Wohnung von Resas Schultern krabbelte und sie beide gemütlich in der Abendsonne saßen, fragte Resa: „Du, Dufti, ist das heute wirklich alles so passiert oder haben wir das Ganze nur geträumt? Ich glaube, dass du den Jäger verzaubert hast, stimmt das? Du kannst doch zaubern, nicht wahr?“
Jetzt war Duftnäschen ein klein wenig in der Klemme, denn belügen wollte sie ihre beste Freundin natürlich nicht. Sie dachte auch an Bonbonbons Worte, nur so zu zaubern, dass es niemand merkt. Sie antwortete deshalb: „Ich habe Poseidon, den Gott der Winde, um Hilfe gebeten. Wenn man nichts Böses von ihm will, dann erfüllt er einem schon mal einen Wunsch. Heute hat er uns allen sehr geholfen einen neuen Freund zu gewinnen.“
Resa war damit noch nicht ganz zufrieden und sagte spitzbübisch: „Na, dann hat ja Poseidon sicherlich auch Martius Wudpecker im richtigen Moment einen Tipp gegeben. Unsere Pollenbeutelchen brauchen wir nun wohl nicht mehr.“
„Wir sollten die Beutel zur Sicherheit bei uns behalten. Man weiß ja nie, ob wir sie doch noch mal gebrauchen können,“ sagte Duftnäschen.
Dann machte sich Resa auf den Heimweg. Sie flog aber noch einen kleinen Umweg und bat alle Tiere, am nächsten Morgen zur Höhle der kleinen Hexe zu kommen und ihr beim Umzug zu helfen.

Duftnäschen zieht um

Als Duftnäschen am nächsten Morgen wach wurde, hörte sie draußen vor ihrer Höhle viele Stimmen. Sie dachte, auf der Wiese wäre Jahrmarkt. So flink sie konnte, machte sie sich fertig. Wenige Augenblicke später schaute sie verwundert aus dem Eingang.
Was sie sah, verschlug ihr beinahe den Atem. Ein Gewimmel von unzähligen Tieren hatte sich vor ihrer Wohnung eingefunden. Alle warteten auf

die kleine Hexe, um ihr beim Umzug zu helfen. Die ganze Familie Wudpecker, der Eichelhäher Hannes Schwarzbart, Merle, die Amsel, mehrere Kaninchen, Nati Natrix mit ein paar jüngeren Ringelnattern, eine Igelmutter mit fünf kleinen Igelkindern, der stolze Georg, Mäuse, viele Käfer, Ameisen, Schmetterlinge und Grillen... Resa war mächtig stolz, dass so viele Freunde und Nachbarn ihrer Bitte nachgekommen waren.
„Ich weiß gar nicht, ob bei so vielen lieben Helfern für alle genug Arbeit übrig bleibt. Auf jeden Fall müssen wir nun gut überlegen, wie wir die Sachen am einfachsten zur neuen Wohnung transportieren. Beim Ausräumen können nur die kleineren Freunde helfen und alles hier vor dem Eingang hinstellen. Das meiste, sind eure vielen Geschenke vom Geburtstag."
Kurze Zeit später türmten sich vor der Höhle die Sachen für den Abtransport. Es entstand ein riesiges Durcheinander. Keiner wusste so recht, welche Dinge für ihn geeignet waren, um den weiten Weg unbeschadet zu überstehen.
Georg Capreolus hatte eine gute Idee: „Für die Käfer und Ameisen ist der Weg zur umgefallenen Buche zu weit. So viele von ihnen, wie auf meinem Gehörn*[14] Platz haben, werde ich dort hintragen." Er kniete sich nieder und neigte seinen Kopf ganz weit nach vorne: „So, jetzt können die kleinen Helfer bequem auf meine Sprossen*[14] klettern. Ich habe ein kräftiges Geweih, da passen viele von euch drauf."
Die Ringelnatter Nati Natrix sagte: „Vielleicht sind nicht alle Ameisen schwindelfrei. Du gehst immer mit einem ziemlich hoch erhobenen Kopf spazieren." Sie spielte damit bewusst darauf an, dass einige Tiere den stolzen Georg für eingebildet hielten. Dann fuhr sie fort: „Alle, die sich so hoch oben nicht wohl fühlen, können bei uns Ringelnattern auf den Rücken steigen. Auf unseren langen Körpern haben auch viele von euch Platz."
Inzwischen hatten Duftnäschen und ihre Helfer die Höhle leergeräumt und den gesamten Hausrat vor der Höhle abgestellt. Viele der Wal- und Haselnussschalen waren noch leer, aber Duftnäschen wollte sie doch

gerne mitnehmen. Die Fässer mit dem Honigwein Met von der Hummelkönigin Regina und mit der Ameisensäure wurden diesmal von den Igeln transportiert. Zwischen den Stacheln waren sie sehr gut zu befestigen. Picusine und Martius Wudpecker und ihre vier Sprösslinge nahmen jeder eine dicke Nussschale in den Schnabel und flogen als erste davon. Ein paar Ameisen wollten nun doch lieber bei Georg Capreolus auf den Sprossen des Gehörns sitzen und krabbelten gemeinsam mit einigen Käfern, Schmetterlingen und Grillen auf sein Geweih.
Nati Natrix hätte am liebsten Duftnäschen getragen. Die kleine Hexe wollte aber zusammen mit Resa und Bambelbi vorfliegen. So konnte sie den Ankommenden zeigen, wo die Sachen abgestellt werden sollten. Bei so vielen Helfern blieb nicht für alle Tiere etwas zu tragen übrig. Viele kamen nur zum Spaß mit.
Auf den Ringelnattern hatten außer einigen Ameisen und Grillen auch eine größere Anzahl von Schmetterlingen und Käfern Platz genommen. Alle kleinen Helfer hatten das seltene Vergnügen, von einem größeren Tier getragen zu werden. Keine Ameise und keine Grille musste den weiten Weg zu Fuß gehen.
Als sich die Gruppe mit dem großen, stolzen Rehbock Georg Capreolus an der Spitze in Bewegung setzte, waren alle gut gelaunt und sangen gemeinsam ein Wanderlied.

Heut‘ machen wir uns einen Spaß
und wandern durch das grüne Gras.
Den Frühling wollen wir begrüßen
und den schönen Tag genießen.

Wir laden alle Freunde ein,
mit uns im hellen Sonnenschein,
durch Felder, Wald und Flur zu zieh‘n,
dort, wo die schönsten Blumen blüh‘n.

Lasst uns gemeinsam fröhlich singen
und lustig hüpfen, tanzen, springen,
dann kann der Frohsinn nicht entflieh'n
und ganz in unser Herz einzieh'n.

Die meisten Tiere hatten das Lied von ihren Eltern oder in der Schule gelernt. Nur die Ringelnattern kannten es nicht. Schlangen brauchen auch keine Wanderlieder, weil sie ja keine Beine haben und deshalb normalerweise auch nicht im Takt wandern. Trotzdem sangen sie nun kräftig mit, aber immer nur

„die, da, die, da, dieda, dieda, da...".

Die Kaninchen hüpften fröhlich hin und her. Zwischen kleinen Mäuslein und den fröhlichen Insekten auf den Rücken der Schlangen liefen die kleinen Igelkinder hinter ihrer Mutter im Gänsemarsch.
Als die fröhliche Gesellschaft an der neuen Wohnung ankam, wären einige von ihnen am liebsten noch weitermarschiert. So lustig war das Leben im Walde und auf der Wiese nicht alle Tage.
Martius und Picusine Wudpecker hatten Duftnäschen eine große Überraschung bereitet. Sie hatten am Abend vorher die beiden Fenster zur Höhle sehr schön ausgemeißelt. Danach wollten sie ihren Jungen aber noch etwas beibringen. Gemeinsam mit ihnen hatten sie den Fußboden der Höhle eingeebnet und mehrere Regale und Nischen in die Wände gehackt. Jetzt konnte die kleine Hexe ihr Hab und Gut wunderbar einräumen.
Georg Capreolus neigte seinen Kopf sehr geschickt zum Eingang der Höhle. So konnten die vielen winzigen Helfer von den Sprossen herunter klettern und ihr Gepäck

Hexenlatein, S. 98
22

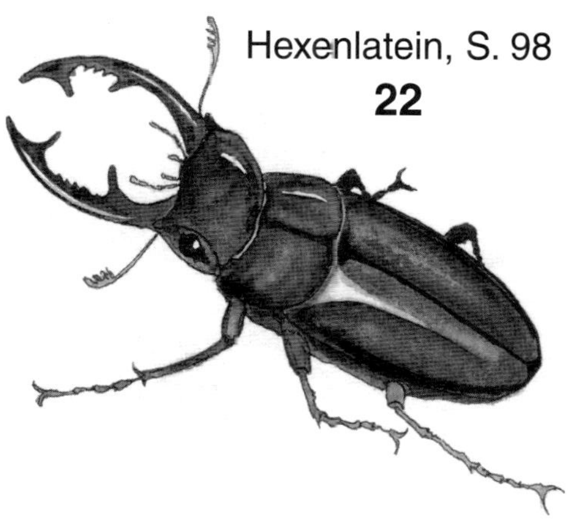

direkt neben Duftnäschen in der Wohnung abstellen. Auf der Treppe wäre der Hirschkäfer Lucanus Cervus*[22] beinahe über einen Faden der Kreuzspinne gestolpert und hätte dabei die kostbare Zaubertinte verschüttet. Nur weil die Spinne so neugierig war und sich am Faden hängend die neue Wohnung genauer ansehen wollte!

Die anderen Tiere luden die Sachen erst einmal unten vor der Treppe ab. Die beiden kostbaren Fässer mit Met und Ameisensäure wurden von Nati Natrix behutsam zwischen ihren Ober- und Unterkiefer genommen und direkt in Duftnäschens Wohnung gestellt.

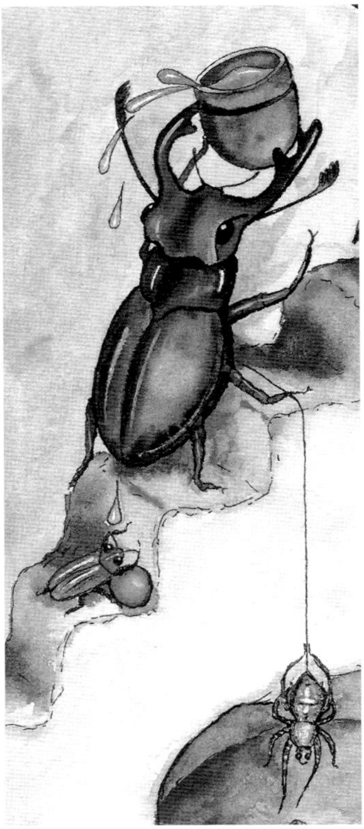

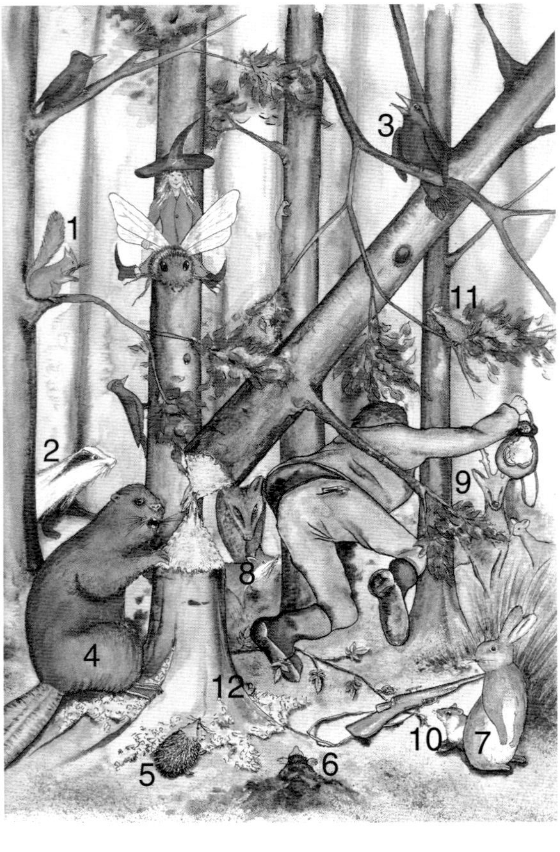

Suche Tiere auf dem bunten Bild.
Sie heißen:

1 Eichhörnchen
2 Dachs
3 Schwarzspecht
4 Biber
5 Igel
6 Maulwurf
7 Hase
8 Wildschwein
9 Rehbock
10 Hamster
11 Haselmaus
12 Maus

21

Weide: Vor der synthetischen Herstellung der Salicylsäureverbindungen (Aspirin) wurde die Stammrinde als fiebersenkendes sowie blut- und schmerzstillendes Mittel verwendet.
Die Weidenrinde ist auch heute noch ein Bestandteil in verschiedenen pflanzlichen Arzneimitteln.

22

Lucanus Cervus: Lateinischer Name für den Hirschkäfer, den größten europäischen Käfer. Er ist bei uns ziemlich selten geworden und steht unter Naturschutz.

23

Ida Formico: Vom Lateinischen „Formicoideae" für Ameisen

Puppen: Entwicklungsstadium der Insekten, bei den Ameisen sehen sie aus wie Eier.
Sie werden auch Larven genannt. Sie sind die Lieblingsnahrung der Spechte.

24 Anführer der Spitzmäuse:
Sorex araneus
(= lat. Waldspitzmaus)

25

Schwarzkittel: Wildschwein

Suhlloch: Suhle, eine sumpfige Stelle oder ein Wassertümpel, wo sich Wildschweine gerne im Schlamm wälzen (suhlen).

HEXENLATEIN
TAGEBUCH

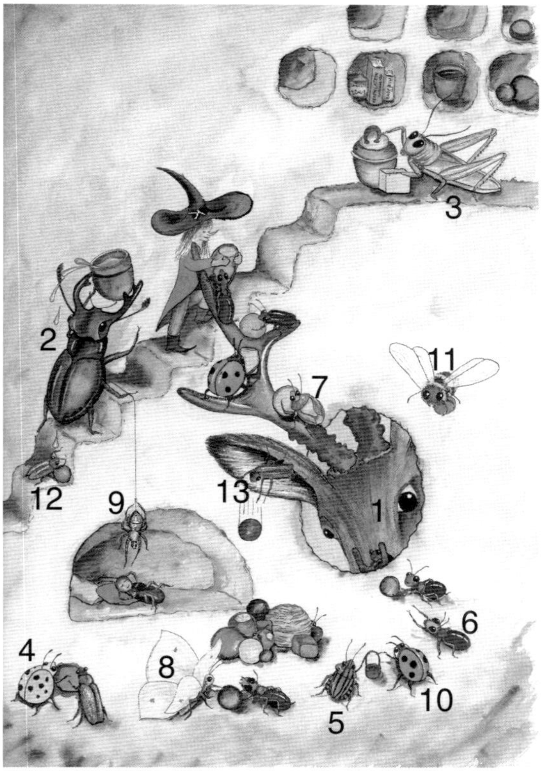

Suche folgende Tiere auf dem bunten Bild. Sie heißen:

1 Rehbock
2 Hirschkäfer
3 Heuschrecke
4 Augen Marienkäfer
5 Streifenwanze
6 Ameise
7 Baumwanze
8 Zitronenfalter
9 Spinne
10 Marienkäfer
11 Erdhummel
12 Schnellkäfer
13 Prachtkäfer

Die leichten Sachen, wie Duftnäschens Kopfkissen oder ihre kleinen Stiefelchen, wurden von den Hummeln und Schmetterlingen gleich von der kleinen Hexe entgegengenommen und eingeordnet. Auf ihren starken Schultern trugen die Ameisen die besonders empfindlichen Gegenstände vorsichtig die Treppe hinauf. Und wie bei jedem Umzug landeten viele der Sachen nicht gleich am richtigen Platz.

Endlich waren auch die letzte Haselnussschale und der letzte Pollenbeutel in der großen Spechthöhle angekommen. Duftnäschen setzte sich glücklich an den Rand des Höhleneingangs, ließ ihre Beinchen locker hinunter baumeln und guckte dankbar in die Runde.

Sie wartete eine Weile, bis alle Helfer ruhig waren und sagte: „Meine lieben Freunde, ich freue mich riesig über euch. Ihr seid alle so hilfsbereit und lieb! Ich wünsche mir, noch lange mit euch zusammen zu sein. Wenn ihr jetzt alle wieder nach Hause geht, denkt doch bitte mal darüber nach, was wir ab und zu zusammen unternehmen könnten."

Sie merkte an den Minen der Zuhörer, dass es auch den anwesenden Tieren gut gefiel, sich öfter mal zu treffen. Hier ist mein Vorschlag: „In ein paar Wochen sind die beiden Castors lange mit ihrem Damm am Bach fertig. Der neue See wird dann auch seine endgültige Wasserhöhe erreicht haben. Wir könnten uns dort am Ufer treffen und ein großes Fest feiern. Vergesst nicht, dass wir allen Grund dazu haben, weil der Jäger Hubertus unser Freund geworden ist. Wir sollten uns jedes Jahr im Sommer mit einem Gedenktag daran erinnern."
Ein Murmeln und Flüstern zeigte ihr, dass viele noch gar nicht richtig begriffen hatten, wie bedeutend ihre neue Freundschaft für alle Bewohner hier in dieser Gegend war. Duftnäschen erinnerte daran, dass alle Tiere beim Weidmann einen Wunsch frei hätten.
„Hubertus Hasenbrot ist uns allen sehr dankbar, dass wir ihn befreit haben und er kann bestimmt sehr viel für uns tun. Wenn er uns bald wieder besuchen kommt, wird Martius Wudpecker drei mal laut trommeln. Dann müsst ihr alle kommen, damit ich ihm eure Wünsche mitteilen kann."
Nati Natrix sagte, dass sie sich besonders über das Sommerfest freuen würde.
Danach wünschte Duftnäschen allen einen schönen Heimweg.
Die fünf Hummeln ließ sie aber noch nicht wegfliegen: „Ihr seid meine liebsten Freundinnen. Ohne euch wäre ich gar nicht hier. Ich möchte gerne mit euch den köstlichen Met probieren. Dann holte sie winzig kleine Schälchen, die sie aus Apfelkernen angefertigt hatte. Wenig später stießen alle mit den randvoll gefüllten Becherchen an: „Auf eine gute, gemeinsame Zukunft! Zum Wohl!"
So etwas Köstliches bekamen auch die Bombusse nicht jeden Tag, und so tranken sie den lieblichen Wein genüsslich Schlückchen für Schlückchen. Am Ende leckten sie mit ihren Saugrüsselchen das Schälchen aus. Es war das erste Mal, das sich die kleine Hexe ein bisschen über ihre spitze Nase ärgerte. Sie war ihr so sehr im Wege, dass sie mit ihrer Zunge nicht den Boden ihres Schälchens erreichen konnte. So nahm sie wieder einmal ihre Finger zu Hilfe. Wie beim Honignaschen dachte sie dabei mit

etwas Wehmut an ihre Mutter in den Bergen. Wie es ihren beiden Schwestern wohl ergangen war? Sie dachte an die nächste Vollmondnacht. Bis dahin musste sie sich noch gedulden, um sich mit ihrer Familie im Hexenring zu treffen. Dann konnte sie allen auch von ihrem eigenen Glück erzählen.
Als sie endlich ganz allein in ihrer Wohnung war, zog sie sich ihr schönstes Kleidchen an, setzte ihren Lieblingshut auf und schlüpfte in ihre bequemsten Stiefelchen. Dann sang sie Lieder aus den Bergen und tanzte glücklich in ihrer großen Wohnung auf und ab. Bis sie erschöpft auf ihr neues Bett fiel und dort bis zum nächsten Morgen durchschlief.

Ob Hubertus das alles erfüllen kann?

Als die kleine Hexe wieder aufwachte, dauerte es eine ganze Weile, bis sie begriff, wo sie war. Sie behielt ihre Augen geschlossen und lauschte, wie draußen in den Bäumen die Vögel den schönen Frühlingsmorgen mit lieblichen Melodien begrüßten. Deutlich hörte sie Merles Lieblingslied, das sehnsuchtsvoll alle Träume wachrief.
Duftnäschen erhob sich schlaftrunken. Während sie sich die Augen rieb, freute sie sich auf ihr erstes Frühstück im neuen Heim. Schnell bereitete sie alles zu und setzte sie sich an den Eingang in die Morgensonne. Hier hockte sie nun wie auf einem Balkon.
Der leckere Honig erinnerte sie an Bambelbi und ihren Geburtstag. Sie dachte dabei auch daran, dass sie nun schon über hundert Jahre alt war. Sie spürte ein bisher nicht gekanntes, merkwürdiges Gefühl in ihrem Herzen. Trotz der wunderschönen Wohnung und trotz der vielen, lieben Freunde hatte sie auf einmal Heimweh. Und dabei dachte sie nicht nur an Bonbonbon, ihre Mutter und an ihre beiden Schwestern Morgenröte und Blütenduft. Sie dachte auch an ihre Nachbarn in den Bergen. 'Komisch,

gerade die frechen Zwerge aus dem Nachbartal würde ich gerne einmal wiedersehen. Ob mich der blonde Wuschelhaar Obertaler wohl auch vermisst?´ Die kleine Hexe wusste nicht einmal genau, ob er wirklich Wuschelhaar hieß oder ob das nur alle wegen seiner lockigen Haare zu ihm sagten. Sie erinnerte sich auch deshalb an ihn, weil sie mit ihm zusammen getanzt hatte und dabei genau das selbe Kleid trug wie heute. Sie hatte es noch immer an.

Dann wurde sie in die Wirklichkeit zurückgerufen. Eine Gruppe von acht Ameisen kam die Treppe zu ihrer Wohnung herauf. Die fleißigen Insekten wollten Duftnäschen mitteilen, welche Wünsche sie an Hubertus Hasenbrot richten wollten. „Wir sind extra so früh zu dir gekommen, weil jetzt die Spechte noch nicht hier sind. Wir wollen nicht, dass sie unseren Wunsch hören. Immer, wenn einige unserer Puppen*[23] aus unserem Nest verschwunden waren, wurden Wudpeckers ganz in der Nähe gesehen. Du musst dem Jäger und den anderen Tieren ja nicht sagen, dass wir gerade deine Freunde im Verdacht haben, unsere Nester zu plündern. Wir wünschen uns, dass Hubertus über unsere große Pyramide, in der wir wohnen, einen feinen Maschendraht spannt. Alle Tiere, die größer sind als wir, können dann nicht hindurch.“ Habt ihr denn schon einmal so einen Schutzdraht gesehen?“, fragte Duftnäschen überrascht. „Ja,“ sagte die Gruppenführerin Ida Formico*[23], „unsere Nachbarn haben einen Maschendraht über ihrer Wohnung. Wir wissen aber nicht, woher sie den haben.“ Nach einer kurzen Verschnaufpause fuhr sie fort: „Einen Wunsch haben wir noch. In diesem Jahr haben sich so viele Marienkäfer in unserer Blattlauskolonie angesiedelt. So bleibt für uns nur noch ganz wenig Honigtau übrig. Am liebsten wäre uns, wenn der Jäger alle Siebenpunkte verscheuchen würde.“

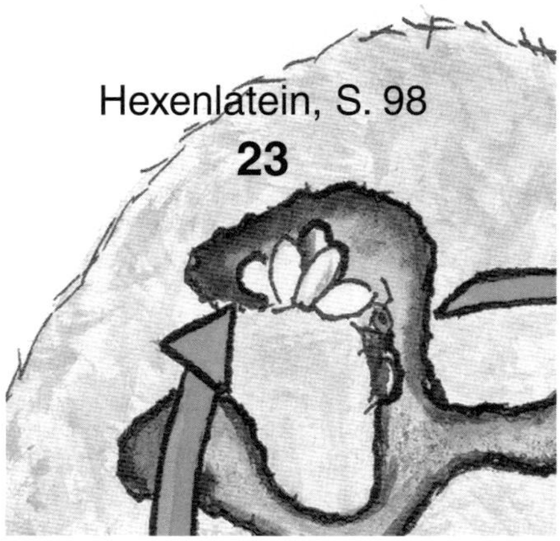

Duftnäschen versprach, die Wünsche dem Jäger vorzutragen. Sie ahnte schon, dass es wegen der Blattläuse noch Ärger geben würde. Die Sache mit den Spechten kam ihr sehr merkwürdig vor. Aber ihr waren die Wudpeckers nach wie vor sehr sympathisch. Sie würde deshalb den anderen Tieren den Grund für den Wunsch der Ameisen auf gar keinen Fall verraten. Kaum hatten Ida Formico und ihre Begleiter den Heimweg angetreten, näherte sich eine Abordnung der Spitzmäuse. Auch sie hatten sich einiges überlegt, was Hubertus für sie tun könnte.

Da nicht alle Mäuse in Duftnäschens Wohnung Platz hatten, empfing sie die Ankömmlinge unten an der Treppe. „Wir möchten, dass der Jäger alle Eulen und Käuze aus unserer Gegend verjagt,“ sagte der Wortführer Sorex Araneus*[24]. „Vielleicht kann er ja woanders Nistkästen für diese Nachtvögel anbringen. Wir mögen sie jedenfalls überhaupt nicht. Ich glaube sogar, dass sie gefährliche Räuber sind. Aber das kann ich nicht beweisen, denn diese Leiseflieger hört und sieht man ja nicht. Sie sind immer nur im Dunkeln unterwegs.“
Die kleine Hexe wusste nun auch nicht, was sie von dem Anführer der Spitzmäuse mit dem merkwürdigen Namen Sorex Araneus halten sollte. Sie wollte dem Jäger den Wunsch der kleinen Nager natürlich mitteilen. Ganz geheuer waren ihr diese Nachtvögel auch nicht. Bislang hatte sie aber noch keine Eule zu Gesicht bekommen. Es war schon sehr verdächtig, dass sich am Tage kein Kauz und keine Eule sehen ließ. Sie erinnerte sich, dass sie einige Male am späten Abend den Kauz gehört hatte. Er rief immerzu „komm mit, komm mit“. Wen er damit meinte, wusste sie auch nicht.

„Kommt der Jäger heute noch?“, fragte eine Maus. „Ich würde gerne einmal einen Menschen aus der Nähe sehen.“ „Vielleicht ist er schon zu uns unterwegs. Ihr könnt ja noch eine Weile auf ihn warten. Dann wisst ihr auch gleich, was er von euren Wünschen hält,“ antwortete ihr Duftnäschen. Inzwischen kamen immer mehr Tiere herbei, um sich etwas zu wünschen. Ein Schwarm Marienkäfer landete auf der neuen Treppe. Es kam so, wie es Duftnäschen schon geahnt hatte: Die Siebenpunkte wünschten genau das Gegenteil wie die Ameisen. Der Jäger sollte die Pyramidenbauer allesamt aus der Blattlauskolonie verjagen. Da musste sich Duftnäschen etwas einfallen lassen, damit dieser Streit friedlich gelöst werden konnte. Wenig später kam dann auch Hubertus Hasenbrot. Er hatte sein Gewehr nicht mitgebracht. Dafür trug er einen großen Rucksack auf dem Rücken. Er setzte ihn mühsam neben dem Buchenstamm ab. Die kleine Hexe war ziemlich neugierig, was sich da wohl alles drin befand. Er begrüßte Duftnäschen und die anwesenden Tiere freundlich und setzte sich zunächst auf einen Ast. Dann sagte er: „Der Specht kann nun dreimal laut trommeln, damit alle Tiere herkommen. Ich habe mir auch einen Schreibblock mitgebracht. Damit ich keinen eurer Wünsche vergesse.“

Der Jäger blickte zu Duftnäschen: „Ich habe für dich ein Geschenk dabei, das du in der neuen Wohnung sicher gut gebrauchen kannst.“

Er holte aus dem Rucksack einen runden Kosmetikspiegel, in dem sich die kleine Hexe von der einen Seite in dreifacher Größe sehen konnte. Auf der anderen Seite war es ein ganz normaler Spiegel. „Wenn es dir recht ist, werde ich den Spiegel gleich in deiner Wohnung anbringen. Für dich ist er viel zu schwer,“ sagte Hubertus freundlich.

Geschickt befestigte er den Spiegel in der neuen Höhle, die danach noch größer aussah. Duftnäschen war begeistert und bedankte sich fröhlich.

Immer mehr Tiere fanden sich ein.

Die kleine Hexe übermittelte dem Jäger die bisher geäußerten Wünsche. Den Draht könne er schon sehr bald über dem Ameisenhaufen befestigen. Ein paar Nistkästen für die Eulen wollte er auch gerne im Nachbarrevier anbringen. „Aber ich bin mir nicht sicher, ob die Käuze und Eulen

dann wirklich von hier verschwinden. Die Mäuse müssen in der Nacht trotzdem gut aufpassen, denn so ein Kauz fliegt sehr weit. Ich habe sogar bei uns im Ort schon welche rufen gehört."
Jetzt kamen auch Resa und Bambelbi. Sie sagten ihr, dass Regina gerne einen Apfelbaum am Ufer des neuen Sees hätte. Während Duftnäschen dem Jäger die vielen Wünsche der Tiere übersetzte, wollten sich Resa und Bambelbi die neue Wohnung von innen ansehen.
Nun waren auch die Vertreter der größeren Tiere eingetroffen. Georg Capreolus wünschte für die Rehe eine Futterkrippe, damit sie im Winter nicht zu hungern brauchten. Den Wildschweinen fehlte ein Suhlloch*[26], in dem sie sich mal so richtig im Schlamm aalen konnten. „Wir wissen natürlich, dass wir dem Jäger damit viel Arbeit machen," sagte der kräftigste Schwarzkittel*[25]. Seine klugen Augen schauten Hubertus Hasenbrot abschätzend an. „Ob er uns vielleicht ab und zu mal ein paar Maiskörner bringen kann? Wir fressen Mais für unser Leben gern."
Duftnäschen hatte einige Mühe, dem Jäger die Wünsche ihrer Nachbarn zu erklären. Ihm erschien sogar der Wunsch der Kaninchen nicht ungewöhnlich, überall in der Gegend Wegweiser aufzustellen. „Den Walnussbaum, den sich die Wudpeckers wünschen und einen Apfelbaum für die Hummeln kann ich aber erst im Herbst oder sogar erst im nächsten

Hexenlatein, S. 99
25

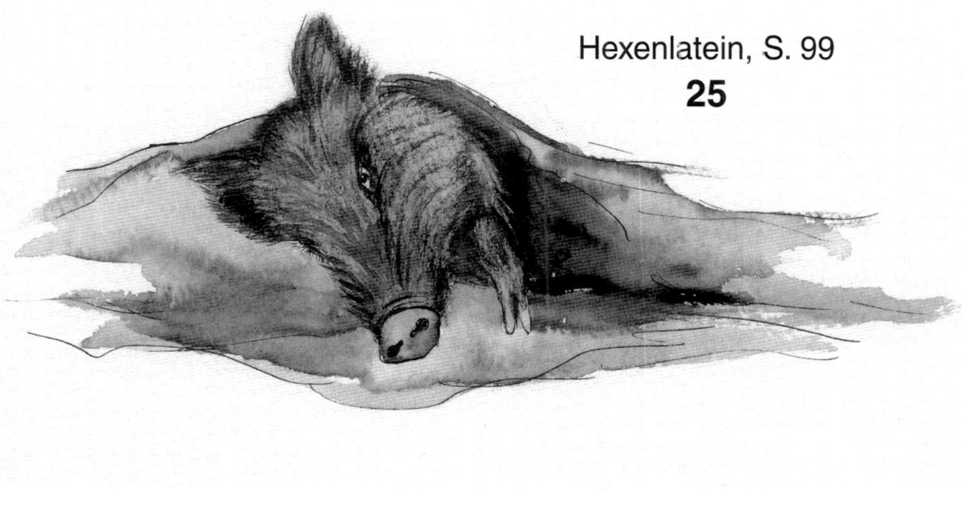

Frühjahr pflanzen. Jetzt wachsen die Bäume nicht mehr an," sagte Hubertus.
Dann verblüffte Hubertus Hasenbrot fast alle Anwesenden. Er holte aus seinem Rucksack Überraschungen hervor: Die meisten dachten, es wäre Weihnachten!
Zuerst reichte er jedem der Schwarzkittel eine Portion süßer Maiskörner und den Rehen Zuckerrübenschnitzel. Er hatte beim Einpacken dieser Leckereien daran gedacht, dass ihn der Rehbock Georg und die Wildschweine von der schweren Last der Buche befreit hatten. Für die Hasen und Kaninchen hatte er frische Karotten in seinem Rucksack. Und für die vielen Schmetterlinge, Käfer und Grillen schüttete er einen süßen Fruchtsirup aus Orangen, Bananen und Vanille auf ein flaches Blech. Den Spechten und dem Eichelhäher Hannes hatte er Walnüsse mitgebracht. Zuletzt schüttete er seinen Rucksack einfach aus. Nun fanden auch noch die Mäuse und Eichhörnchen leckere Haselnüsse und Weizenkörner. Merle probierte zum ersten Mal in ihrem Leben Haferflocken. Für die Ringeltauben waren grüne Erbsen und Hirse dabei.
Duftnäschen übersetzte Hubertus Hasenbrot mühsam die Bewunderung und die lieben Worte der vielen Tiere.
Plötzlich kamen Bambelbi und Resa ganz aufgeregt zur kleinen Hexe geflogen. Völlig außer Atem sagte Resa: „In deiner Wohnung sind zwei schreckliche, riesengroße Hummeln. Wir hatten große Angst. Sie sind genau auf uns zugekommen, als wir in deine Höhle geflogen sind. Hast du jetzt neue Gäste? Wir haben so große Hummeln noch nie gesehen. Als Bambelbi die Ungetüme gefragt hat, wer sie sind, hat eine genau wie Bambelbi den Mund bewegt aber nichts gesagt."
Duftnäschen erkannte sofort, was die beiden Freundinnen so erschreckt hatte. Sie fing laut an zu lachen. „Die beiden großen Untiere in meiner Wohnung seid ihr selber. Kommt mit, ich werde es euch zeigen." Schnell hüpfte Duftnäschen die Treppe zu ihrer Höhle hinauf. „Kommt bitte schnell, damit ihr mit mir zusammen lachen könnt." Nur zögernd flogen Resa und Bambelbi zu ihr. Dann gingen sie gemeinsam in die Höhle. Und tatsäch-

lich sahen sie nun wieder die beiden großen Hummeln auf sich zu kommen. Dazu kam ihnen ein dreimal vergrößertes Duftnäschen entgegen. „Seht ihr, ich bin genauso vergrößert wie ihr," sagte die kleine Hexe. Den Spiegel hat mir Hubertus zur Einweihung der neuen Wohnung geschenkt."
Nun mussten alle drei kräftig lachen. Resa fand großen Spaß daran, ganz nahe an den Spiegel zu gehen und dort Grimassen zu schneiden.
Duftnäschen ließ die beiden Freundinnen allein in der Wohnung zurück. Sie blieb auf halber Höhe auf ihrer Treppe sitzen und sah den vielen Tieren zu, die sich die leckeren Mitbringsel gut schmecken ließen. Sie bemerkte auch, dass sich der Jäger sehr wohl zwischen den vielen Tieren fühlte. Die kleine Hexe lächelte: „Dass du so viele liebe Tiere in deinem Revier hast, hättest du wohl selber nicht gedacht? Hast du denn auch Wünsche an uns?"
Hubertus überlegte nicht lange und sagte: „Ich möchte jetzt mit euch gemeinsam die anderen Menschen dazu bringen, daß ihr wenigstens in meinem Revier nichts mehr zu befürchten habt. Deshalb dürft ihr die Bauern und den Forstbesitzer und auch mich nicht ärgern. Die Wildschweine sollten in Zukunft nicht mehr die Felder umwühlen und vor allem die Maiskörner im Boden lassen. Ich werde ihnen hin und wieder diese Leckerbissen zur Futterkrippe bringen. Die Rehe dürfen die Rinde der jungen Bäume nicht abfressen, weil sonst der Wald großen Schaden erleidet. Ich werde dafür sorgen, dass ihr alle im Winter genug zu fressen habt und die Futterkrippe mit Eicheln, Kastanien und Heu füllen."

Eine diebische Elster und ein pfiffiges Mäuslein

Hubertus machte eine Pause und holte tief Luft: "Ich habe aber auch einen besonderen Wunsch: Ich bitte euch, daß ihr meine ganze Familie als eure Freunde betrachtet und nicht vor ihnen weglauft. Dann können meine liebe Frau und meine Tochter verstehen, warum ich nun auf einmal kein Gewehr mehr mit in den Wald nehme." Er schaute etwas verschämt zum Boden und sagte dann: „Ihr seid viele und habt gute Augen. Ich habe vor einiger Zeit auf dem Hochsitz meine Jahresschießnadel verloren. Ein Windstoß hatte mir den Jägerhut vom Kopf geweht. Als ich den Hut unten im Gras wiederfand, war die schöne Nadel weg. Sie ist nicht besonders groß. Die Nadel ist eine Auszeichnung der Jägerschaft und sie bedeutet mir sehr viel."
Die kleine Hexe musste eine Weile warten, bevor sie den Freunden alles übersetzen konnte. Die Wildschweine schmatzten und grunzten nämlich so laut, dass auch die anderen Tiere dabei nichts verstanden hätten. Hubertus Hasenbrot klopfte den kräftigen Schwarzkitteln freundlich auf die Wangen und hielt sich einen Finger vor den Mund: „Pssst." Dies Zeichen kannten sie irgendwoher, und sie waren sofort ruhig.
Duftnäschen bat alle Tiere, sich an der Suche nach der Jahresschießnadel zu beteiligen. Die Elster Picapica*[26] verschwand sogleich. Sie wusste, dass sie bei manchen Vögeln nicht sehr beliebt war. Nun wit-

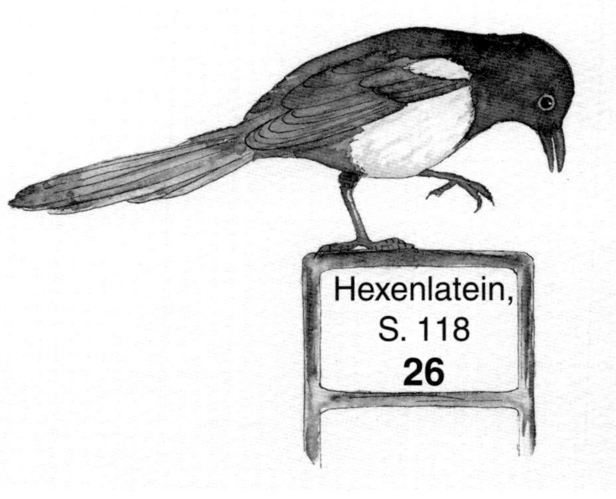

terte sie eine Gelegenheit, sich beim Jäger und bei den anderen Waldbewohnern beliebt zu machen.

Die Spitzmaus Sorex Araneus sagte: „Ich glaube, ich habe die Nadel gesehen. Ich werde sie sofort holen.“ Das Mäuslein wartete gar nicht erst auf eine Antwort und huschte flink davon.

Die meisten Tiere hatten gar nicht bemerkt, dass die Elster Picapica weggeflogen war. Um so überraschter waren sie deshalb, als sie sich mit einem glitzernden und funkelnden Schmuckstück im Schnabel beim Jäger auf die Schulter setzte.

Hubertus Hasenbrot staunte nicht schlecht, als Duftnäschen die stolzen Worte Picapicas übersetzt hatte: „Ich möchte dir im Namen aller Freunde diese schöne Schießnadel wiederbringen. Ich habe sie aber nicht in der Nähe des Jägerstuhls gefunden, sondern einem anderen Menschen abgenommen. Der hat sie sicherlich dort aufgehoben.“

Hubertus betrachtete die vermeintliche Auszeichnung von allen Seiten und wurde dabei immer aufgeregter. Es handelte sich nicht um seine Schießnadel, sondern um eine unfassbar kostbare Brosche, die mit vielen wunderschönen Edelsteinen besetzt war. Hubertus hatte ein so wertvolles Schmuckstück noch nie in seinem Leben gesehen.

Nun wollte er ganz genau wissen, wem die Elster dieses erlesene Stück abgenommen hatte. Das musste ja mindestens eine Königin gewesen sein. Erst nach einigem Hin- und Her gestand Picapica, dass sie die Brosche auf einem Balkon eines Hauses gesehen hatte. Duftnäschen übersetzte ihr Erlebnis: „Da waren noch ganz viele glitzernde und blinkende Ketten und Ringe auf einem Samttuch ausgebreitet. Als die zwei Bewohner kurz ins Haus gegangen waren, habe ich schnell dieses Prachtstück mitgenommen. Als ich dann nach einer Weile noch einmal hinflog, war das Samttuch mit dem übrigen Schmuck verschwunden. Beinahe hätte mich das mein Leben gekostet, denn der Mann auf dem Balkon hat laut geschimpft und mit einer Pistole nach mir geschossen.“

Nun staunte nicht nur der Jäger. Die meisten Tiere hatten für Gold und Edelsteine nicht viel übrig. Aber sie begriffen, dass Picapica den Men-

schen etwas Wertvolles weggenommen hatte. Hoffentlich kamen die nun nicht in den Wald, um sich dafür zu rächen!
„Weißt du noch, wo das Haus steht?“, fragte Hubertus. Duftnäschen übersetzte, dass es sich um ein alleinstehendes Haus mit einer hohen Mauer darum herum handelte. Man merkte, dass der Jäger dieses Grundstück kannte. Welche Gedanken er in diesem Moment hatte, verriet er aber nicht.
Er bedankte sich herzlich bei der Elster. Hubertus sagte ihr aber, dass dies nicht seine verlorene Jahresschießnadel sei. Außerdem befürchtete er, dass die Elster sehr bald ungebetene Gäste an ihrem Nest zu erwarten habe. Er bat sie deshalb, schnell zu ihm zu kommen, wenn irgendwelche Menschen versuchten ihr Nest zu plündern.
Beinahe hätten sie alle die Spitzmaus Sorex Araneus vergessen. Plötzlich tauchte sie wieder zwischen den Grashalmen auf und krabbelte einige Stufen der Leiter zu Duftnäschens Wohnung hinauf. Stolz trug sie zwischen ihren rötlichen Zähnen die vermisste Auszeichnung des Jägers. „Die Schießnadel lag unter dem Gestrüpp, direkt neben dem Jägerstuhl,“ sagte sie außer Atem, „ich habe sie ganz zufällig gesehen, als wir am letzten Sonntag einen Familienausflug zum Waldrand machten.“
Nun war Hubertus Hasenbrot richtig glücklich. Zum Einen, weil er seine geliebte Nadel wieder an seinem Hut befestigen konnte. Zum Anderen, weil er nun so viele Freunde hatte. Am liebsten hätte er die kleine Maus fest in seine Arme genommen. Aber dafür war sie wirklich zu zart und zu zerbrechlich. Ganz vorsichtig streichelte er ihr über den Rücken.
Duftnäschen erinnerte alle an das Sommerfest und bat, sich etwas Lustiges dafür auszudenken. Dann lud sie den Jäger mit seiner Frau und seiner Tochter ein. Wenn man einen guten Freund hat, gehört natürlich seine ganze Familie dazu.
Nach und nach löste sich die Runde auf. Nach einer Weile war die kleine Hexe wieder mit Resa und Bambelbi allein. „Hast du Lust, noch ein paar Runden mit uns zu fliegen?“, fragte Bambelbi, „an einem so schönen Tag könnten wir mal nachsehen, wie weit die Biber mit ihrem Damm gekommen sind.“

Als die drei Freundinnen am Bach ankamen, sah man schon deutlich die vergrößerte Wasseroberfläche. Adele und Fidel Castor waren mit den letzten Arbeiten am Damm beschäftigt. Fidels Muskelkater war vergessen und beide Biber freuten sich auf die Geburt ihrer Kinder.
Dann flogen die drei Freundinnen über Duftnäschens alter Höhle hinweg. Da sah die kleine Hexe, dass die Hälfte der Nelkenschwindlinge im Hexenring schon unter Wasser standen. Nun wusste sie, dass sie sich bis zur nächsten Vollmondnacht einen anderen Pilz-Ring suchen musste. Ein paar Tage Zeit hatte sie dafür natürlich noch. Sie nahm sich vor, in der Nähe ihrer neuen Wohnung Ausschau zu halten.
Unverhofft fragte Resa: „Was meinte der Jäger damit, daß Picapica bald ungebetene Gäste zu erwarten hat?“ „Hubertus Hasenbrot glaubt, dass die bestohlenen Menschen ihre wertvolle Brosche wiederhaben wollen. Sie werden jetzt alle Elsternester in unserer Gegend aufsuchen. Bis sie das Schmuckstück finden. Aber vielleicht weiß Hubertus ja eine andere Lösung.“
Als die drei Freundinnen in Duftnäschens Wohnung angekommen waren, tranken sie noch ein Schälchen Met zusammen. Bambelbi fragte die kleine Hexe. „Hast du eigentlich gar keine Angst, wenn du hier so alleine im Wald wohnst?“
„Ich kann mir nicht vorstellen, das mir jemand etwas tun will. Ich tue ja auch niemanden etwas Böses.“ Dann fügte Duftnäschen hinzu: „Wenn jemand etwas von meinen Sachen haben möchte, braucht er mir das ja nur zu sagen. Bestehlen muss mich wirklich niemand.“
„Wir werden dich oft besuchen kommen,“ sagten Resa und Bambelbi gleichzeitig, „wir müssen jetzt wieder auf den Bombusberg zurück.“
Wenig später saß die kleine Hexe allein am Rand des Eingangs und ließ ihre Beinchen hinunter baumeln. Sie dachte noch darüber nach, wie sie wohl den Streit der Ameisen mit den Siebenpunkten schlichten könnte. Außerdem gingen ihre Gedanken wieder in die Berge. Sie wunderte sich, dass sie ausgerechnet an Wuschelhaar dachte. Sie machte ihre Augen zu, um sich sein fröhliches Gesicht und seine blonden Locken besser

vorstellen zu können. „Komisch," dachte sie, „hier in der Ferne denke ich viel öfter an ihn als an meine Mutter und meine Schwestern."

Ungebetener Besuch bei Picapicas Schwester

Die nächsten Tage verliefen ohne besondere Vorkommnisse. Die kleine Hexe hatte in ihrer neuen Wohnung genug damit zu tun, alle Gegenstände richtig zu ordnen und einzuräumen. Das Wetter war auch nicht besonders schön. Oft gab es einen kräftigen Regenguss, es war windig und kühl. Bei ihren Erkundungen in der näheren Umgebung nahm Duftnäschen deshalb immer ihren Regenschirm mit. Die Tropfen waren ziemlich dick und schwer. Auch noch nach einem Schauer fielen sie platschend von den Blättern.

„Das Gute am Regen ist, dass alle Pflanzen kräftig wachsen können," dachte die kleine Hexe. Tatsächlich entdeckte sie unter den Lärchen eine Gruppe wunderschöner Goldröhrlinge*[5]. Leider bildeten sie noch keinen vollständigen Kreis. Wenn sie bis zur nächsten Vollmondnacht keinen weiteren Hexenring fand, musste sie ganz weit gehen. Bis zu den Pilzen in der Nähe der Kastanien. Vielleicht waren die Pilze auch schon vertrocknet oder sogar von Schnecken aufgefressen! Sie hoffte, dass sich der Ring der Goldröhrlinge bis zur Vollmondnacht noch schließen würde. Wieder zu Hause, besuchte sie Hubertus Hasenbrot. Er hatte so viel zu berichten. „Wie ich es gleich vermutet hatte, stammt die Brosche nicht von einer Königin oder einer reichen Dame. Sie gehört zur Beute von einem ganz schlimmen Raubüberfall." Er erzählte Duftnäschen die ganze Geschichte. Er hatte sie von der Polizei erfahren: „Zwei Räuber haben in der Stadt ein Juweliergeschäft überfallen und den Besitzer niedergeschlagen. Gott sie Dank hatte man ihn gleich darauf gefunden und in ein Krankenhaus gebracht. Jetzt geht es ihm schon wieder recht gut. In den nächsten Tagen wird er wieder in seinem Geschäft arbeiten können. Die

Räuber aber haben so viel Schmuck und andere Wertsachen gestohlen, dass die Versicherung eine hohe Belohnung für ihre Wiederbeschaffung ausgesetzt hat. Außerdem glaubt die Polizei es seien schon lange gesuchte Verbrecher. So gibt es auch von der Polizei noch eine hohe Belohnung für die entscheidenden Hinweise."

Duftnäschen war ganz aufgeregt: „Dann hat Picapica aber wirklich Glück gehabt, dass sie lebend davongekommen ist. Aber wie soll die Polizei die Räuber fangen?"

Hubertus antwortete: „Daß du hier im Wald wohnst und die Elster Picapica mir die Brosche gebracht hat, wollte ich der Polizei nicht verraten. Außerdem würden die Beamten mir das sowieso nicht glauben.

Ich habe erzählt, dass ich die Brosche in einem Elsternest im Sonnenschein glitzern sah und sie dann vorsichtig aus dem Nest herausgenommen habe. Dann habe ich gesagt, dass ich bei meinen Spaziergängen zwei verdächtige Personen gesehen hätte, die sich an einem Elsternest zu schaffen gemacht haben. Sicherlich hatten die Räuber die Elster gesehen. Warum sonst sollten sie mit einer Leiter in der Feldmark Nester suchen?"

„Glaubst du wirklich, dass die Räuber Picapicas Nest suchen werden?"

„Ja, die Männer werden sich nicht damit zufrieden geben, dass die Elster ihr kostbarstes Stück gestohlen hat. Nur wissen die Räuber nicht, in welchem Elsternest sie suchen müssen. Ich bitte dich, dass du allen Tieren sagst, dass sie mit uns gemeinsam aufpassen sollen. Wenn jemand eine verdächtige Person entdeckt, soll er mir gleich Bescheid sagen."

„Ich möchte gerne mit Resa und Bambelbi

darüber reden. Könntest du mich jetzt bitte zum Bombusberg bringen?", fragte Duftnäschen. Dann hatte sie eine Idee: „Wenn wir bei allen Elsternestern eine Wache aufstellen, können wir die Verbrecher bestimmt früh genug sehen und dich holen. Weißt du denn, wie viel Nester es in der Gegend gibt?"
Hubertus gab zu bedenken: „Hier in meinem Revier sind es nur fünf. Wir müssen aber auch an die Nester auf der anderen Seite des Gehöftes denken. Dort werden die Räuber genauso suchen. Auf jeden Fall werden die Verbrecher so lange suchen, bis sie das richtige Nest gefunden haben. Sie wissen ja nicht, dass ich die Brosche zur Polizei gebracht habe."

Resa und Bambelbi waren nicht zu Hause. So erzählte die kleine Hexe den anderen die Neuigkeiten. Unterwegs hatten sie den Eichelhäher Hannes Schwarzbart getroffen. Jetzt versprach er, den Jäger so schnell wie möglich zu benachrichtigen. „Er weiß ja, wie ich rufe. Meine Stimme hat er ja schon oft genug gehört," musste Duftnäschen übersetzen. „Seinen Garten kenne ich auch, denn ich habe dort im letzten Jahr ein paar Mal Kirschen gegessen und ihn dort gesehen. Wenn ich ihn rufe, muss er mir nur folgen." Polli und Pieksi flogen gleich noch eine Runde, um die anderen Tieren in der Nachbarschaft über die Neuigkeiten zu informieren.
Hubertus Hasenbrot verabschiedete sich freundlich.
Als Resa und Bambelbi mit gefüllten Pollentäschchen zum Bombusberg kamen, wurden sie schon erwartet. Nachdem sie alle Neuigkeiten erfahren hatten, sagte Bambelbi: „Dann ist es wirklich besser, wenn wir die Pollenmischung weiter bei uns tragen. Falls wir die Räuber sehen, können wir denen ja eine kräftige Portion ins Gesicht streuen. Hoffentlich hat der Jäger recht damit, dass die Verbrecher wirklich die Brosche suchen. Am liebsten würde ich die mal so richtig pieksen."
Dann brachten die beiden Freundinnen Duftnäschen zu ihrer Wohnung. Sie versprachen ihr, sie sofort zu holen, wenn sie irgend etwas Verdächtiges bemerkten.

26

27

Sporenpflanzen (Kryptogamen): Blütenlose Pflanzen wie Farne und Moose.
Sie vermehren sich meist durch einzellige Keime (Sporen).

Pilze vermehren sich auch durch Sporen, sie gehören aber in eine eigene Gruppe, die zwischen den Tieren und Pflanzen liegt.

Tarantel: Wolfsspinne, der Biss ist sehr schmerzhaft, für den Menschen aber nicht tödlich.
Die Tarantel lebt in Südeuropa in Erdlöchern und lauert vorbeikommenden Insekten auf.

28

29

Schwärzender Saftling (*Hygrocybe nigrescens*)
Saftlinge sind kleine bis mittelgroße Pilze. Die Hüte sind meist wunderschön leuchtend rot oder gelb gefärbt. Da sie wie glasig oder eingefettet aussehen, werden sie häufig auch „Glasköpfe“ genannt. Der Schwärzende Saftling heißt so, weil Hut und Stiel in Alter

immer schwärzer werden. Du findest ihn auf ungedüngten Wiesen. Hier geht er mit den Gräsern eine Lebensgemeinschaft ein. Dabei liefert das Gras dem Pilz Nährstoffe, die er selbst nicht bilden kann. Dafür hilft der Saftling dem Gras Mineralstoffe und Wasser aus dem Boden aufzunehmen.

Wenn du einen Saftling findest, schau ihn dir in Ruhe an, aber pflücke ihn nicht. Saftlinge sind bei uns überall sehr selten geworden!

29

30

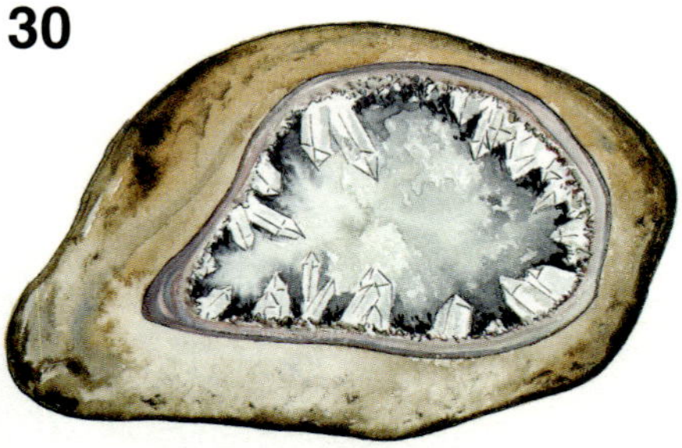

Druse:
Hohlraum im Gestein, die Wände sind mit Kristallen bedeckt.

Suche folgende Pflanzen, Pilze und Tiere auf dem bunten Bild auf der nächsten Seite.
Sie heißen:

1 Hirschkäfer
2 Schwarzspecht
3 Zauneidechse
4 Lärchenröhrling
5 Bänderschnecke
6 Maus
7 Reh
8 Eichhörnchen
9 Hase
10 Amsel
11 Marienkäfer
12 Lärchenzapfen
13 Stockschwämmchen
14 Porling

Drei Tage tat sich nichts. Einige Tiere hatten die Räuber schon wieder vergessen, als am frühen Morgen des nächsten Tages ein lautes „SOS“ durch den Wald tönte. Gleich von mehreren Stellen hörte man deutlich, wie Martius Wudpecker und seine Jungen kräftig „Tak tak tak, drrrrrrt drrrrrrt drrrrrrt, tak tak tak trommelten. Nun waren alle in heller Aufregung. Die kleine Hexe wartete ungeduldig auf Resa und Bambelbi. Sie kamen aber gleich darauf bei ihr an.

Die beiden Hummeln waren sofort gestartet, als sie zwei Männer mit einem Geländeauto quer durch die Heide fahren sahen. Bei der alten Kiefer in der Nähe vom Bombusberg hatten sie angehalten. Oben im Baum wohnte Picapicas Schwester. Zum Glück waren die Jungen vor wenigen Tagen ausgeflogen.

Schnell krabbelte Duftnäschen auf Resas Schultern. Wenig später landeten beide oben über dem Elsternest. Tatsächlich versuchten die zwei Männer, die Vogelwohnung zu erreichen. Ihre Leiter war aber nicht lang genug. Jetzt versuchten sie mit einer Stange, das ganze Nest von der Astgabel herunter zu stoßen. Duftnäschen und ihre beiden Freundinnen schütteten über den Köpfen der beiden Räuber eine ordentliche Portion Pollen in die Luft. Duftnäschen fasste sich an die Nasenspitze und sagte leise:

Bei diesen Pollen wirkt der Duft
und bringt den Räuber und den Schuft,
noch heute in den sich‘ren Knast,
denn unter ihnen bricht der Ast.

Es war ein merkwürdiges Bild: Beim Versuch, auf einem Ast noch etwas weiter nach außen zu klettern, verloren die beiden Männer plötzlich den

Halt. Mit einem lauten Krach brach der Ast blitzschnell unter ihren Füßen. Heftig fielen sie auf den Boden unter der Kiefer. Einer der Räuber hatte sich wohl den Arm ausgekugelt. Er jammerte vor Schmerz. Der andere hatte sich den Fuß verstaucht und war mit dem Hintern genau auf den Ast gefallen. Auch er stöhnte mächtig.
Kurz darauf kam Hubertus Hasenbrot an der Kiefer an. Die beiden verletzten Räuber waren froh, als er mit dem Telefon Hilfe herbeirief. Er verriet ihnen natürlich nicht, dass er vorher auch schon die Polizei benachrichtigt hatte.
So kam es, dass der Krankenwagen und die Polizei fast gleichzeitig bei den beiden Räubern ankamen. Zuerst mussten sich die überraschten Verbrecher von den Polizisten ihre Pistolen abnehmen lassen. Dann erst durften der Notarzt und die Sanitäter mit ihrer Arbeit beginnen. Nach einer gründlichen Untersuchung sagte der Arzt: „Die Verletzungen sind nicht sehr schlimm. Den Arm können wir gleich hier wieder einrenken. Die Verstauchung und die Prellungen sind nicht gefährlich. Gegen die Schmerzen werde ich beiden eine Spritze verpassen."
Ein Polizist fragte den Arzt: „Wir würden die beiden am liebsten gleich mit zur Wache nehmen, damit sie uns nicht entfliehen. Ist das möglich?"
Gemeinsam mit einem Sanitäter renkte der Arzt den ausgekugelten Arm wieder ein und sagte: „Jetzt haben wir hier nichts mehr zu tun. Alles andere ist Sache der Polizei."
Gleich darauf befanden sich die Gauner auf den Rücksitzen des grünweißen Autos. Die Beamten baten Hubertus Hasenbrot, gleich mitzukommen und das Geländeauto der beiden Räuber zur Polizeistation zu bringen.
Duftnäschen flog noch schnell mit Resa zum Jäger auf die Schulter. Anschließend sollte er unbedingt wieder zu ihnen kommen. Alle wollten erfahren, wie es weiter gegangen sei. Mehr Zeit blieb jedoch nicht. Die Polizisten und Sanitäter sollten ja auf gar keinen Fall merken, dass die Tiere bei diesem Abenteuer erheblich mitgeholfen hatten. Schnell lud der Jäger die Leiter auf das Autodach und fuhr den anderen beiden Fahrzeugen nach. Wenige Augenblicke später war der ganze Spuk vorbei.

Der Eichelhäher Hannes hatte nach dieser Aufregung als erster die Sprache wiedergefunden und sagte: „Der Jäger hat ganz schön Glück gehabt, dass wir alle so gut aufgepasst haben. So schnell hätte die Polizei die Räuber sonst auf keinen Fall fassen können. Jetzt bekommt Hubertus bestimmt eine dicke Belohnung. Na, dann fällt es ihm auch nicht so schwer, unsere vielen Wünsche in seinem Notizbuch zu erfüllen."
Duftnäschen dachte an das Sommerfest und sagte: „Ich bin neugierig darauf, seine Frau und seine Tochter kennen zu lernen. Ob die wohl genau so nett sind wie Hubertus?"
„Wir sollten noch einmal nachdenken, was wir für das Fest am Bibersee vorbereiten müssen. In knapp zwei Wochen haben wir genug gute Ideen gesammelt. Bis dahin können wir gemeinsam alles vorbereiten. Ich schlage vor, dass wir uns den Sonntag zur Sommersonnenwende am 21. Juni als festen Termin vormerken." Niemand hatte etwas dagegen einzuwenden. „Bitte teilt diesen Termin allen Freunden und Bekannten mit."
Da es noch früh am Tage war, wollte Duftnäschen sich den Bibersee einmal in aller Ruhe aus der Nähe ansehen. Sie verabschiedete sich von Resa und Bambelbi und spazierte gemütlich zum Ufer. Wegen des gestiegenen Wasserspiegels war dieses nun nicht mehr weit von der alten Kiefer entfernt.

Alleinsein ist schwerer als man denkt

Unterwegs traf Duftnäschen alte Bekannte, die sie ein Stück auf ihrem Weg begleiteten. Narzissenblättchen flog mit ein paar ihrer Kameraden neben ihr von Blüte zu Blüte. Alle freuten sich gemeinsam mit der kleinen Hexe über den schönen Tag. „Schade, dass du jetzt im Wald wohnst, da sind wir nämlich nicht so gern," sagte Narzissenblättchen. „Wir Zitronenfalter lieben den Sonnenschein und die bunten Blumen auf der

Wiese. Unter den großen Bäumen wachsen ja nur Pilze und Farnkraut. Diese Sporenpflanzen*[27] sind nichts für uns. Die sind wohl mehr für Schnecken und Maden geeignet."

Hexenlatein, S. 118
27

Als sie am Ufer angelangt waren, merkte Duftnäschen sofort, dass sie ohne ihre Freundinnen Resa und Bambelbi recht hilflos war. Es gab noch keinen Uferweg. Das Wasser stand auf dem Boden der Wiese. Es war sehr mühsam, überhaupt den Rand zu erkennen.

Duftnäschen fragte Narzissenblättchen, ob sie vielleicht eine der Ringelnattern bitten könnte, ihr zu helfen. Nach einer kleinen Weile kehrte der gelbe Schmetterling mit Nati Natrix zurück.

Die große Schlange begrüßte sie freundlich: „Hallo Duftnäschen! Ich freue mich, dass ich dir helfen kann. Hier am Rand des Wassers ist es wirklich sehr unübersichtlich, wie im Urwald. Willst du zu mir auf meinen Rücken kommen? Ich würde dir gerne einmal den neuen See von der Wasserseite aus zeigen."

Duftnäschen nahm das Angebot gern an. Es war ziemlich schwierig, sich auf dem glatten Rücken der Schlange festzuhalten. Nach einer kleinen Weile hatte sich Duftnäschen daran gewöhnt. Nun machte es ihr riesigen Spaß, in Schlangenlinien durchs Wasser zu gleiten. Aus einem nie zuvor gekannten Blickwinkel konnte sie die Landschaft bewundern.

Nati Natrix merkte ihren Spaß und sagte: „Ich freue mich schon aufs Sommerfest. Ich habe noch eine Überraschung für dich. Bestimmt wirst du dann noch mehr Freude am Wasser haben als heute." Duftnäschen sagte:

„Es soll genau zur Mittsommernacht stattfinden. Sonntag in zwei Wochen ist der längste Tag und natürlich auch die kürzeste Nacht. Und das ist wirklich ein Grund, an diesem Tag kräftig zu feiern." Außerdem erzählte Duftnäschen der Ringelnatter von ihrem letzten Abenteuer mit den Räubern. Die erfahrene Ringelnatter sagte: „Dass der Jäger nun unser Freund geworden ist, freut mich ganz besonders. Ich hatte immer noch Angst, dass er sich über den neuen, großen See ärgert und die Biber wieder verjagen wird. Wir Ringelnattern hatten vorher in dem kleinen Bach manchmal schon unsere Not, genug Nahrung zu finden. Jetzt ist wieder für alle genug zu essen da. Auch dann noch, wenn unsere Kinder groß sind."
Als beide so gemütlich dahinschwammen, tauchte plötzlich ein Biberkopf neben ihnen auf: „Hallo, Nati und Dufti," sagte Fidel Castor. Man merkte an seiner Stimme, wie fröhlich er war. „Ihr beide seid die ersten, die es erfahren: Adele hat Drillinge bekommen. Drei kleine Castors auf einmal! Leider sind sie so klein, dass ich sie euch noch nicht zeigen kann. Aber Adele hat gesagt, dass alle drei gesund sind. Einen kräftigen Appetit haben sie mit auf die Welt gebracht. Ich werde auf dem Sommerfest extra einen ausgeben. Ich bin ja so glücklich!"
Nati Natrix und Duftnäschen gratulierten dem stolzen Vater herzlich und wünschten alles Gute. Neben der Biberburg verabschiedete sich die kleine Hexe von der hilfsbereiten Ringelnatter. Von dort aus war es nicht mehr weit zu ihrer Wohnung. Obwohl Duftnäschen mittlerweile hungrig war, machte sie noch einen Umweg. Sie wollte bei den Lärchen nachschauen, ob die Goldröhrlinge größer geworden waren, denn in wenigen Tagen war Vollmond.
Als sie bei den großen Bäumen ankam, traute sie ihren Augen kaum. Durch den Regen der letzten Tage waren einige Pilze schon fast erwachsen. In einer wunderschönen Reihe kamen die goldenen Köpfe aus der Erde und verzierten die Nadelstreu unter den Bäumen. So viele glänzende und frische Pilzhüte hatte sie noch niemals zuvor auf einmal gesehen. Sie fragte den dicken Hirschkäfer Lucanus Cervus, ob er sie auf einen der Äste oberhalb der Pilze bringen könnte. Das tat dieser natürlich sehr gerne.

Er hatte zwar nur ein kleines Geweih, war aber genau so stolz darauf wie Georg Capreolus. „Halte dich nur gut an meinem Geweih fest, dann bringe ich dich hin, wo immer du willst.“

Es war wie im Märchen. Die Goldröhrlinge hatten einen vollständigen Hexenring gebildet. Aber bei genauem Hinsehen von oben bemerkte Duftnäschen eine ganz seltene Besonderheit. Der Ring hatte auf der einen Seite eine Einkerbung und gegenüber eine deutliche Spitze.

Es gab keinen Zweifel, der Hexenring hatte genau die Form eines Herzens. Und die kleine Hexe wusste, dass man noch im selben Jahr den Partner fürs ganze Leben finden würde, wenn man in solch einen Zauberring eintrat. Wenn sie den Mut hatte in diesen Hexenring zu steigen, dann würde sie noch in diesem Jahr heiraten.

Ihr Herz klopfte heftig, als sie zum Käfer sagte: „Bringst du mich bitte wieder auf den Boden, mir ist hier oben auf einmal ganz schwindelig.“ Der dicke Lucanus Cervus hatte sowieso keine Lust mehr ruhig oben auf dem Ast zu sitzen und brummte sogleich los. Duftnäschen bedankte sich bei ihm und wünschte ihm noch einen schönen Tag.

Der Käfer war schnell vergessen und Duftnäschens Gedanken drehten sich um ihre Zukunft. Sie hatte bislang noch gar nicht richtig darüber nachgedacht. Einen Mann zu haben und vielleicht sogar Kinder zu bekommen. Immer wieder kam ihr dabei das Bild von Wuschelhaar Obertaler in den Sinn. An ihn hatte sie in der letzten Zeit oft gedacht. Ob er auch so oft an sie dachte und sie wenigstens ein wenig vermisste?

So als ob sie jemand verzaubert hätte, schlüpfte Duftnäschen blitzschnell zwischen den goldenen Pilzhüten hindurch. Wenige Augenblicke später hüpfte und tanzte sie fröhlich mitten im Kreis der Goldröhrlinge umher. Dabei rief sie voller Übermut immer wieder: „Duftnäschen Obertaler! Duftnäschen Obertaler!“ Und sie fand den Namen irgendwie lustig.
Auf dem Weg zu ihrer Wohnung bekam sie richtig Sehnsucht nach dem kleinen Zwerg mit den blonden Locken. Wie konnte sie es nur machen, dass der Zauber des Hexenringes auch wirklich in Erfüllung ging? Vielleicht brauchte man bei so einem seltenen Erlebnis ja auch selber gar nichts zu tun. Nur fest daran glauben, das wollte Duftnäschen auf jeden Fall.
Fröhlich kletterte sie die Treppe zu ihrer Wohnung hinauf. Drinnen betrachtete sie ihre große Höhle auf einmal mit ganz anderen Augen. Da war wirklich genug Platz für eine ganze Familie. Selbst wenn sie mal Besuch bekommen würden, konnte man für jeden Gast einen Schlafplatz bereithalten.
Gegen Abend kam Picusine Wudpecker bei ihr vorbei und fragte, ob sie in der neuen Wohnung gut zurecht komme. Duftnäschen erkannte sofort, dass Picusine in Wirklichkeit nur erfahren wollte, was sich an der Kiefer alles zugetragen hatte. Als ihr die kleine Hexe alle Neuigkeiten und den Termin für das Fest am See erzählt hatte, flog sie fröhlich wieder zu Martius.

Gute Aussichten

Erst am Nachmittag des nächsten Tages kam Hubertus Hasenbrot. Er wollte Duftnäschen und ihren Freunden erzählen, was nach der Festnahme der Räuber noch alles passiert war. Er hatte tatsächlich seine Frau und seine Tochter mitgebracht. Nun wollten ihm die Waldtiere beweisen, dass sie die Wünsche des Jägers vom letzten Mal nicht vergessen hatten. Alle waren eifrig bemüht, den beiden Angehörigen zu zeigen, dass

sie vor der Jägerfamilie alle Scheu abgelegt hatten. Als die drei Menschen bei Duftnäschen ankamen, waren sie von einer ganzen Tierschar umgeben.
Die kleine Hexe legte gerade kleine Duftkissen zwischen ihre Wäsche. Sie mochte es besonders gerne, wenn sie ein Kleidchen oder eine Bluse anzog und dieses nach Veilchen, Rosen oder Narzissen roch. Für ihre Bettwäsche nahm sie am liebsten Lavendelduft mit Mandelblüten.
Als sie zum Eingang ihrer Höhle eilte, wurde sie von einem Stimmengewirr empfangen. Alle Tiere wollten Duftnäschen begrüßen.
Es dauerte eine ganze Weile, bis Hubertus seine Frau und seine Tochter vorstellen konnte: „Wir haben heute den schönsten Spaziergang unseres Lebens gemacht. So viele liebe Freunde haben uns begleitet, dass meine Familie richtig glücklich ist. Meine Frau Vanessa und meine kleine Viola*[20] haben mir natürlich erst nicht geglaubt, dass wir alle zusammen Freundschaft geschlossen haben. Aber als die beiden Eichhörnchen meiner Tochter Viola auf die Schulter gehüpft sind und ihr ein paar Kaninchen fröhlich um die Beine liefen, wusste ich, dass ihr meine Bitte erfüllt habt."
Inzwischen hatten sich Vanessa*[20] Hasenbrot und ihr Mann Hubertus auf einen Ast vor der Höhle gesetzt. Viola ließ sich vor der Treppe zur Höhle auf dem Boden nieder. Sie hatte in ihren Taschen Erdnüsse, Weizenkörner und Möhren mitgebracht. Nun war sie von Mäusen, Kaninchen und Eichhörnchen umringt, die alle gerne etwas von diesen Leckereien abhaben wollten.
Hubertus hatte wieder seinen dicken Rucksack dabei. Er ließ ihn aber noch zu, damit alle erst einmal Duftnäschens Übersetzung anhören konnten: „Gestern wurden bei der Polizei die beiden Räuber dem Juwelier gegenübergestellt. Der erkannte die Räuber auf Anhieb wieder. Sofort wurde in der Wohnung der Verbrecher eine Hausdurchsuchung vorgenommen. Und nun haltet euch alle fest: Die Räuber hatten Schmuck und Edelsteine aus mehreren Überfällen in ihrem Keller in einem Geldschrank versteckt. Die Beute hat einen Wert von ein paar Millionen Mark. Und ich bekomme von der Versicherung für die Wiederbeschaffung einen Anteil von zehn Prozent."

Man merkte richtig, wie er es selber noch gar nicht fassen konnte. Er würde bald ein reicher Mann sein. Von der Polizei gibt es auch noch eine Belohnung von fünftausend Mark. Schon alleine dafür können wir in den nächsten Jahren genug Futter und Leckereien kaufen. Hoffentlich werdet ihr nicht zu faul, euch im Sommer euer Fressen selber zu suchen.
Auf jeden Fall brauchen wir uns alle keine Sorgen um unsere Zukunft zu machen, denn natürlich gehört das Geld uns allen gemeinsam."
Die meisten Tiere verstanden überhaupt nicht, was man mit Geld machen kann. Erst recht nicht, wie viel zehn Prozent sind. Georg Capreolus fragte deshalb: „Bringst du dann zu unserer Futterkrippe immer Eicheln und Rübenschnitzel und vielleicht auch noch frischen Kohl?"
„Ich werde euch diese Leckereien so lange bringen, wie ihr sie gerne mögt. Ihr müsst aber aufpassen, dass ihr euch nicht überfresst. Denn sonst schmeckt euch auf einmal nichts mehr. Und das wäre sehr schade."
Dann griff Hubertus zu seinem Rucksack und öffnete ihn bedächtig. Er musste sich bei der Verteilung mächtig anstrengen, denn ein paar Rehe und ein Wildschwein wollten nicht erst warten, bis sie an der Reihe waren. Sie versuchten einfach, ihre Köpfe in den Rucksack zu stecken.
Auch den anderen Tieren war der Duft in die Nasen gestiegen und auch ihnen war das Wasser im Munde zusammengelaufen. Nun drängelten sich alle nach vorne. Vanessa und Viola gefiel das sehr gut, denn jetzt konnten sie die scheuen Rehe, Häslein, Kaninchen und Eichhörnchen in aller Ruhe streicheln.
Wenig später war ringsherum ein zufriedenes Schmatzen, Grunzen und Nagen zu hören. Die Familie Wudpecker und Hannes Schwarzbart hackten mit ihren kräftigen Schnäbeln so emsig die Nussschalen auf, dass die Stückchen im weiten Umkreis überall auf dem Boden zu finden waren. Die vielen kleinen Tiere mussten sehr aufpassen, dass sie nicht von den größeren Tieren getreten wurden.
Endlich wagte sich die kleine Tochter des Jägers ganz nah an Duftnäschen heran und sagte: „Ich heiße Viola Hasenbrot. Ich bin fünf Jahre alt. Wohnst du hier wirklich ganz alleine im Wald?" Lächelnd antwortete ihr die kleine Hexe: „Ich bin Duftnäschen und hundertundein Jahr alt. Alleine wohne ich

nur in meiner Höhle, zu der mir dein Papa eine wunderschöne Treppe gebaut hat. In diesem Wald leben ganz viele Tiere mit mir zusammen. Alle sind meine lieben Nachbarn und Freunde, deshalb bin ich hier nicht allein." Schnell hatte die kleine Viola ihre Scheu abgelegt und redete nun fröhlich drauflos: „Mein Papa sagt, dass du zaubern kannst. Wie wäre es sonst möglich, dass alle Tiere auf dich hören und machen, was du möchtest? Und meinen Papa hast du auch verzaubert, denn er will jetzt überhaupt nicht mehr schießen. Er erzählt nur noch von dir. Er glaubt nämlich auch, dass du die Maus und die Elster verhext hast, damit er seine Schießnadel wieder bekommt. Und dass die Polizei die Räuber fangen konnte, hast du auch gemacht."
Beim letzten Satz schaute Viola die kleine Hexe mit ernster Miene an und nickte dabei mit dem Kopf. Eine Antwort der kleinen Hexe erwartete sie gar nicht, denn sie glaubte natürlich alles genauso wie ihr Vater. „Wenn du willst, kannst du mich besuchen. Ich habe viele kleine Puppen und eine sehr schöne Puppenstube. Da kannst du auch ganz bequem in den kleinen Bettchen schlafen. Nur was du essen möchtest, musst du mir noch sagen. Meine Mama wusste nämlich auch nicht, was so kleine Zwerglein wie du gerne mögen."
Wieder bewegte sie ihren Kopf gewichtig auf und ab, damit Duftnäschen auch sah, dass sie es mit der Einladung wirklich ernst meinte.
Duftnäschen war neugierig geworden, wie es in einem Haus wohl aussehen mochte und wie die Menschen darin lebten. Sie überlegte nicht lange und sagte: „Wenn du mich spätestes übermorgen wieder zurückbringst, kann ich mitkommen. Wir müssen aber vorher noch bei meinen Freundinnen Resa und Bambelbi Bescheid sagen. Außerdem lernst du dann auch gleich die anderen Hummeln kennen." „Au, ja!", rief Viola laut vor Freude, „und dann sehe ich auch gleich, wie diese Brummis wohnen."
Erschrocken blickten die Tiere zu Viola und zur kleinen Hexe. Aber dann sahen sie an den Gesichtern, dass Viola nur aus Freude so laut gerufen hatte und dass nichts passiert war. Ein paar Waldtiere waren satt und legten sich müde im Schatten der Bäume schlafen.

Diesmal hatte der Jäger auch für sich und seine Familie Butterbrote eingepackt. Für Duftnäschen hatte Viola ein kleines Töpfchen aus ihrer Puppenstube mit Blütenhonig aus den Bergen gefüllt. „Wenn du möchtest, stelle ich den Topf in deine Höhle," sagte sie, „ich glaube, du kannst den gar nicht tragen. Einen so winzigen kleinen Löffel hatte ich leider auch nicht. Aber du weißt ja selber, wie du den Honig da heraus bekommst."

Duftnäschen besucht Viola Hasenbrot

Als Duftnäschen ein paar Stunden später zusammen mit der Jägerfamilie in deren Wohnung ankam, wurden alle freudig vom Hund Jux*[20] begrüßt.

Hubertus hatte seinem treuen Freund beim Weggehen genau erklärt, warum er nicht mit in den Wald durfte. Aber Jux hatte ihn wahrscheinlich nicht verstanden. Er war ganz traurig, dass er allein zu Hause bleiben musste. Duftnäschen sagte zu ihm: „Hallo Jux, ich bin Duftnäschen und wohne im Walde. Wenn du mich nicht zu doll anschnupperst, werden wir gut miteinander auskommen. Ich bin bei Viola zu Besuch und bleibe über Nacht hier. Wir beide sollten gut zusammenhalten, denn ich kann deinem Herrchen alle deine Wünsche und Sorgen übersetzen."

Als der Hund die Stimme der kleinen Hexe hörte, schaute er ziemlich verwundert die winzige Person auf Violas Schulter an. Jux wedelte aufgeregt mit dem Schwanz und sagte, dass er später mit ihr reden wollte. Jetzt müsste er erst einmal mit seinem Herrchen Gassi gehen. Das war etwas, was Hubertus auch ohne die Übersetzung der kleinen Hexe verstand.

Vanessa und Viola zeigten Duftnäschen unterdessen die Wohnung. Für die kleine Hexe waren die Räume viel zu groß. Die Schränke, Sessel, Stühle und Tische waren hoch wie Wolkenkratzer und ohne Viola hätte sie sich nur auf dem Fußboden bewegen können. Als die Mutter sie dann

mit Viola allein im Kinderzimmer zurückließ, sagte Duftnäschen: „Du, Viola, ihr seid richtig lieb. Ich freue mich darüber, dass ihr mit mir und den Tieren im Wald Freundschaft geschlossen habt. Aber so ein Haus, das ist nichts für mich, da würde ich mich sehr schnell eingesperrt fühlen."
Viola hatte sich auf ihr Bett gesetzt und schaute der kleinen Hexe zu, die auf dem Teppichboden zwischen Plüschtieren, Püppchen und vielen anderen Spielsachen herumkrabbelte. Nach einer Weile fragte die kleine Hexe Viola: „Lebt in eurem Haus außer Jux und euch niemand? Habt ihr keine Mäuse, Ameisen oder Käfer. Oder wenigstens ein paar Spinnen, die bei euch wohnen? Kannst du nur mit diesen nachgemachten Plüschtieren spielen?"
„Ich spiele sehr gerne mit ihnen. Die meisten habe ich richtig lieb. Und meine Püppchen haben wunderschöne Kleider, und ich kann sie an- und ausziehen. Komm, ich zeige dir meine Puppenstube, die ist extra für klitzekleine Puppen eingerichtet," sagte Viola stolz. Während sie die Puppenstube vorsichtig vom Tisch auf den Boden stellte, sagte Viola nachdenklich: „Mäuse haben wir nicht, denn meine Mama hat Angst vor Mäusen. Ich glaube, sie hat auch Angst vor Spinnen."
Nun krabbelte Duftnäschen flink in die Puppenstube und untersuchte die ganze Einrichtung. Da waren viele nützliche Dinge, die sie gut in ihrer Höhle gebrauchen konnte. Sie wollte Hubertus bitten, ihr einige dieser schönen Sachen zu kaufen.
Als Duftnäschen den kleinen Kleiderschrank öffnete und die Kleidchen, Blusen, Schuhe und die wunderschöne Unterwäsche aus allerfeinster Seide sah, fragte sie Viola: „Die Kleider würde ich gerne einmal anziehen, darf ich das?"
Natürlich hatte Viola nichts dagegen. Bei einigen altertümlichen Kleidern war es wirklich komisch, wie Duftnäschen darin aussah. Die beiden hatten bei der Anprobe einen riesigen Spaß. Sie lachten so laut, dass Violas Mutter neugierig aus der Küche kam.
Vanessa sagte zur kleinen Hexe: „Wenn dir die Anziehsachen und die Möbel der Puppenstube gut gefallen, werden wir dir genau so eine Einrichtung neu kaufen. Immerhin sind wir ja nun seit wir dich kennen ziem-

lich reich. Wir sind glücklich, wenn wir dir eine Freude machen können."
Duftnäschen freute sich am meisten über einen roten Bikini. Viola staunte, dass die Puppenkleider so gut passten, als wären sie extra für die kleine Hexe angefertigt.
Beim Abendessen spazierte Duftnäschen auf dem Tisch umher und probierte von allen. Jux war ein wenig neidisch, denn er durfte nie auf den Tisch. Und während der Mahlzeiten bekam er auch nie etwas ab. Er erzählte der kleinen Hexe seinen Kummer, den sie sofort übersetzte: „Dein Hund möchte auch ein richtiger Freund sein, mit dem ihr gemeinsam am Tisch esst. Und Jux möchte auch mit euch im Schlafzimmer zu Bett gehen und nicht allein im Flur im Körbchen schlafen. Außerdem möchte er nicht immer nur das tun, was ihr wollt."
Hubertus ließ sich da aber auf kein Gespräch ein. Er sagte nur kurz, dass Jux wohl spinne. Er hätte es viel besser, als die Tiere im Walde. Er hätte ein Dach über dem Kopf und brauchte sich nicht selber um sein Fressen zu kümmern. „Hunde sind nun mal anders als Menschen. Jux muss sich damit abfinden, dass er tun muss was ich will und nicht umgekehrt, fertig."
So ganz wollte sich der Hund damit noch nicht zufrieden geben, aber was konnte er dagegen tun? Unsicher sagte er: „Vielleicht könnt ihr noch einen Hund besorgen, dann habe ich auch einen richtigen Freund. Ihr habt immer viel zu wenig Zeit für mich." Viola fand diese Idee super. Die beiden Erwachsenen versprachen, darüber noch einmal nachzudenken.
Als Viola und Duftnäschen zu Bett gegangen waren, kam Vanessa noch kurz ins Kinderzimmer. Sie wollte beiden noch vorm Einschlafen Gute Nacht sagen. Die kleine Hexe hatte aber noch eine Frage: „Hast du wirklich Angst vor Spinnen und Mäusen?" Duftnäschen wunderte es sehr, als Violas Mutter eingestand, dass sie diese kleinen Tiere fürchtete. Aber einen Grund dafür konnte Vanessa auch nicht angeben.
Die Zeit bei den Hasenbrots verging wie im Flug. Hubertus und Viola hatten die kleine Hexe zu ihrer Wohnung zurückgebracht. Nun war sie dabei, die vielen Mitbringsel zu ordnen. Fast die gesamte Einrichtung der Puppenstube hatten ihr Vanessa und Viola aufgedrängt. Unbedingt wollten

sie Duftnäschen etwas Gutes tun. Der Kleiderschrank und eine kleine Anrichte waren vollgepackt mit Kleidern, Stoffen und vielen anderen nützlichen Sachen.
Sie hatte nun eine komplette Aussteuer zusammen. Von daher konnte einer Heirat mit Wuschelhaar Obertaler nichts mehr im Wege stehen. Hoffentlich erfüllte sich für sie dieser Wunschtraum!

Was zur Mitternacht alles geschieht

Der Abend wollte und wollte nicht vergehen. Es war ähnlich wie am Heiligabend. Duftnäschen und ihre Schwestern konnten immer die Zeit nicht abwarten, weil sie auf die Geschenke gespannt waren.
Der Vollmond war schon früh aufgegangen. Er hatte eine Weile gleichzeitig mit der Abendsonne dafür gesorgt, dass es gar nicht dunkel wurde. Als sich Duftnäschen nun endlich auf den Weg zu den Goldröhrlingen machte, wurde sie von einigen Glühwürmchen begleitet.
Es war ein lauer Juni-Abend, von der Wiese her hörte man die Grillen zirpen und am Waldrand sang eine Nachtigall. Unterwegs war es Duftnäschen ein paar mal so, als ob sich große Schatten über den Waldboden bewegten. Irgendwie war ihr dabei nicht ganz wohl. Und sie dachte dabei an die Spitzmaus Sorex Araneus, die ihr von den Eulen und Käuzen erzählt hatte.
Sie überlegte sich deshalb schnell einen Zauberspruch. Der würde ihr helfen, falls die Eulen auf einmal wirklich so böse Räuber waren und ihr vielleicht sogar etwas tun wollten. Einer dieser Zaubersprüche, den die kleinen Hexen nur in Notfällen gebrauchen durften, war ganz kurz. So wurde keine Zeit mit dem Sprechen vergeudet:

Starr bist du! So lang ich will,
steht das Leben für dich still.

Danach hatte Duftnäschen immer noch Zeit zu überlegen, was sie mit so einem Angreifer machen sollte. Aber die zwei Waldkäuze, die tatsächlich ein paar Mal über Duftnäschen hinweggeflogen waren, hatten etwas ganz anderes im Sinn. Die beiden Nachtvögel wollten eigentlich nur wissen, ob die kleine Hexe wirklich ihre Wohnung verlassen hatte. Duftnäschens Spechthöhle hatten sie sich nämlich schon angesehen, lange, bevor die kleine Hexe dort eingezogen war. Seit dem meinten sie, saß sie die rechtmäßigen Nachmieter in dieser Wohnung waren.

Sie wollten in Duftnäschens Abwesenheit die Einrichtung ausräumen und selber einziehen. Die kleine, winzige Person sollte ruhig versuchen, sie danach wieder aus der Höhle zu verjagen.

Lautlos landeten die beiden Nachtvögel auf dem Buchenstamm. Als dann eine der Eulen ihren Kopf durch den Eingang steckte und in die Höhle hineinschlüpfen wollte, blieb sie wie angenagelt auf der Stelle stehen. Zwei große Augen blickten sie an. Ein riesiger Eulenschnabel darunter verhieß nichts Gutes. Als sie vor Schreck laut „Uuuuh“ rief, dröhnte es ihr noch lauter entgegen. Dabei machte der riesige Vogel in Duftnäschens Wohnung auch noch drohend den Schnabel auf.

„Nichts wie weg,“ dachte die Eule. „Wenn die kleine Hexe einen so großen Wächter hat, dann ist es besser, so schnell wie möglich zu verschwinden.“

Wie von einer Tarantel*[28] gestochen und ohne auf seine Begleiterin zu achten, huschte der erschrockene Kauz wieder aus der Höhle heraus und machte sich aus dem Staube.

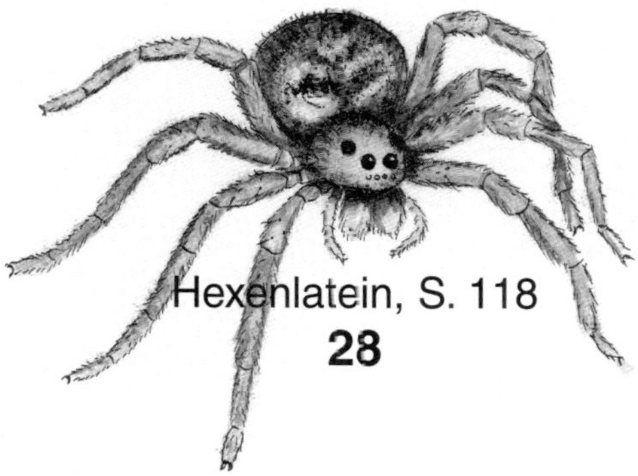

Hexenlatein, S. 118

28

Die andere Eule staunte nicht schlecht, denn so hatte sie ihren Ehepartner noch nie erlebt.

Sie nahm ihren ganzen Mut zusammen und schaute ganz vorsichtig in die Höhle hinein. Beinahe wäre ihr Herz vor Schreck stehen geblieben. So schnell war vorher bestimmt noch kein Waldkauz aus einer Höhle

geflüchtet. Die Angst saß ihnen immer noch im Nacken, als sich die beiden Nachtvögel wiederfanden.
Ganz außer Atem sagte sie: „Ich glaube, da haben wir beide noch einmal Glück gehabt. Dort in der Nähe dieses Ungeheuers lasse ich mich bestimmt nicht mehr blicken. Wir sollten einfach in den neuen Nistkasten im Nachbarwald einziehen. Ich glaube, der Jäger hat ihn extra für uns aufgehängt."
Nach diesem Erlebnis hatten beide Eulen nur noch den einen Wunsch. Sie wollten so weit wie möglich von diesem Untier entfernt leben. So ging die Bitte der kleinen Waldspitzmäuse mit ihrem Anführer Sorex Araneus tatsächlich schneller als erwartet in Erfüllung.

Saftlinge*[29] im Mondenschein

Die kleine Hexe hatte natürlich von diesem Geschehen nichts bemerkt. Nachdem sie sich den Zauberspruch überlegt hatte, war ihr auch nicht mehr unwohl. Gleich, nachdem sie bei den Lärchen angekommen war, schlüpfte Duftnäschen mit klopfendem Herzen in den Hexenring und wartete nun auf ein Zeichen ihrer Mutter Bonbonbon.
Plötzlich empfand sie ein ganz merkwürdiges, leichtes Beben in ihrem Körper. Es kribbelte im Kopf, und für einen Augenblick fühlte sie sich wie aufgelöst. Schwerelos und frei schwebte sie durch die Lüfte. Wenige Augenblicke später befand sie sich mit ihrer Mutter und ihren beiden Schwestern Morgenröte und Blütenduft mitten in einem Hexenring aus glänzenden Saftlingen neben Bonbonbons Wohnung in den Bergen.

Hexenlatein, S. 119
29

Duftnäschens
neue Heimat

Mellenhagen
FORSTHAUS
FORSTHAUS

Rutsche

Suche folgende Tiere auf dem bunten Bild. Sie heißen:

1 Großer Schillerfalter
2 Kohlweißling
3 Kleiner Fuchs
4 Admiral
5 Trauermantel
6 Zitronenfalter
7 Aurorafalter
8 Tagpfauenauge
9 Marienkäfer
10 Streifenwanze
11 Ringelnatter
12 Ameise
13 Himmelblauer Bläuling
14 Dukatenfalter-Weibchen

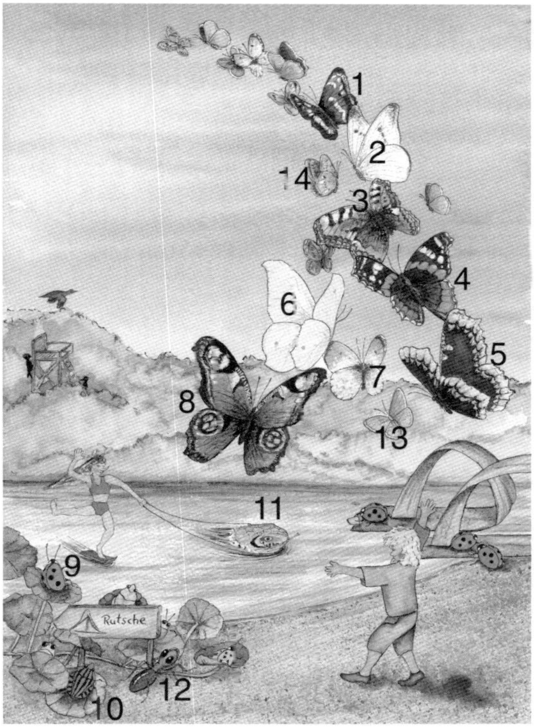

Das war eine Wiedersehensfreude! Die drei kleinen Hexen umarmten sich und ihre Mutter, als hätten sie sich eine Ewigkeit nicht mehr gesehen. Und dann wollten alle drei Schwestern auf einmal erzählen, was sie in den letzten Wochen alles erlebt hatten.

Blütenduft, die älteste Tochter, war mit ihrem Maikäfer in den Süden geflogen. Sie hatte die Berge aber nicht verlassen. Sie lebte jetzt in einer glitzernden und funkelnden Höhle in einer Felswand. Die Kristalle auf dem Boden der Druse*[30] hatte sie mit feinstem Quarzsand und mit trockenen Gräsern bedeckt. Vom Eingang ihrer Wohnung aus schaute sie auf eine wunderschöne Bergwiese, und sie konnte wie vorher zu Hause mit bunten Käfern und Schmetterlingen spielen. Die nächsten Nachbarn waren Smaragdeidechsen, mit denen sie sich gern in der Mittagszeit sonnte.

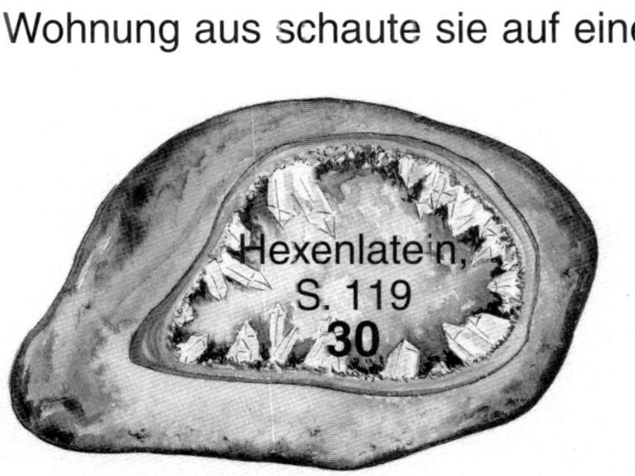

Morgenröte war nicht ganz so zufrieden. Sie sagte: „Ich habe auch eine sehr schöne Wohnung in einem verlassenen Mauseloch gefunden. Meine Freunde, die Bienen, sind immer hilfsbereit und sehr nett. Aber ich hatte mir damals die falschen Sachen eingepackt. Statt des Spinnrades und der vielen Farbtöpfchen hätte ich lieber mehr Kleidungsstücke mitnehmen sollen. Es ist eine aufwendige, langwierige Arbeit, die Fäden zu spinnen und sich die Kleidchen dann selber zu weben und zu nähen."
Bonbonbon fragte Morgenröte, warum sie sich nicht einfach ein paar Anziehsachen gezaubert hätte. Aber darauf erzählten ihr alle drei Töchter stolz, dass sie bislang nur von anderen unbemerkt gezaubert hätten. Ganz so, wie es ihnen ihre Mutter geraten hatte.
Duftnäschen berichtete von ihren vielen neuen Freunden und ihrer großen Wohnung in der Spechthöhle. Dann sagte sie: „Ich habe Platz genug, so dass ihr bequem bei mir schlafen könnt. Ich möchte euch alle zum Mittsommernachtsfest am Bibersee einladen." Nach einer kleinen Pause schaute sie ihre Mutter an und fuhr fort: „Es soll ein schönes Fest werden. Vielleicht kannst du ja auch den Zwergenvater Obertaler fragen, ob er mit seiner Familie dabei sein möchte. Die Hummeln würden euch alle gerne bringen. Ihre ganze Verwandtschaft feiert nämlich auch mit." Insgeheim dachte Duftnäschen natürlich an Wuschelhaar. Wenn er auch mitkäme, könnte er wieder mit ihr zusammen tanzen.
Viel Zeit blieb nicht, über alles zu sprechen. Die Zauberkraft des Hexenrings reichte nur für eine Stunde. Bonbonbon hatte das gewusst. So gab sie jeder ihrer Töchter einen Brief mit. Den konnten diese dann in Ruhe zu Hause lesen. Sie nahmen sich fest in die Arme und verabschiedeten sich von einander. Bonbonbon fasste sich an ihre Nase. Dann warteten die drei kleinen Hexen gespannt auf den Spruch ihrer Mutter, damit sie wieder zurück konnten.

Saftlinge im Mondenschein,
lasst uns an dem Orte sein,
wo wir uns vor einer Stunde
befanden in der Pilze Runde.

Wieder verspürte Duftnäschen ein Kribbeln und Beben im ganzen Körper. Und wieder schwebte sie schwerelos und frei durch die Lüfte. Sie blieb dann noch eine ganze Weile im herzförmigen Ring der Pilzhüte und dachte ein bisschen wehmütig an ihre alte Heimat. Dann ging sie im Mondenschein zurück zu ihrer Wohnung und legte sich gleich schlafen. Die Post ihrer Mutter wollte sie am nächsten Morgen in aller Ruhe lesen.

Hubertustag

Gleich nach dem Frühstück öffnete die kleine Hexe den Briefumschlag und bekam einen Riesenschreck. Es befand sich darin noch ein weiterer Brief. Der Absender war Wuschelhaar Obertaler!
Immer wieder schaute sie die Adresse und den Absender auf der Rückseite an. Ihr Herz klopfte laut, als sie das Papier auseinander faltete und las:

Liebes Duftnäschen,
du wunderst dich bestimmt, dass ich dir einen Brief schreibe. Seit dem du nicht mehr da bist, muss ich immerzu an dich denken. Ich weiß gar nicht, was ich ohne dich machen soll. Ich wollte es dir immer schon sagen. Aber es fehlte mir der Mut dazu. Seit wir im letzten Sommer zusammen getanzt haben. Wenn ich die Augen schließe, sehe ich dein fröhliches Gesicht und dein spitzes Näslein vor mir.
Im Traum höre ich deine Stimme und fühle dich in meinen Armen. Ich möchte, dass du meine Frau wirst und mit dir eine Familie gründen. Wenn es dir hier in den Bergen nicht mehr gefällt, komme ich auch gern in deine neue Heimat. Deine Mutter hat mir gesagt, dass sie dich trifft und dir meinen Brief geben wird. Sie weiß aber nicht, was ich für dich empfinde. Wenn du mich auch magst, sag es mir so schnell wie möglich! Ohne dich bin ich ganz traurig.

Ich liebe dich! *Dein Wuschelhaar*

Glücklich las Duftnäschen den Brief wieder und wieder. Nun wusste sie, dass der Zauber vom Hexenring in Erfüllung gehen würde. Wie damals rief sie fröhlich und laut den Namen, den sie bald tragen sollte: „Duftnäschen Obertaler! Duftnäschen Obertaler!“ Der Name gefiel ihr gut. Erst nachdem sie eine Weile mit geschlossenen Augen mit dem Brief in der Hand dagesessen hatte, las sie die Mitteilungen ihrer Mutter. Bonbonbon schrieb ihr, dass sie sich ohne ihre drei Töchter oft sehr einsam fühlte. Schön wäre es, wenn sie sich häufiger besuchen könnten. Aber sie betonte auch, dass es trotzdem wichtig sei, dass jeder seinen eigenen Lebensweg geht. Dann berichtete sie noch, dass Wuschelhaar Obertaler in den letzten Wochen ein paar Mal bei ihr war und nach Duftnäschen gefragt hatte. „Ich glaube, dass er sich in dich verliebt hat,“ schrieb sie, „er ist ein sehr netter Zwerg. Wer den einmal zum Mann bekommt, kann sich bestimmt freuen.“

Duftnäschen las diesen Satz gleich noch einmal. Sie erkannte daran, dass auch ihre Mutter Wuschelhaar gern hatte.

Gegen Mittag kamen Resa und Bambelbi die kleine Hexe besuchen. Sie hatten ihre Körbchen schon prall mit Pollenkörnern gefüllt. Nun wollten sie erfahren, wie es ihrer Freundin Duftnäschen bei Hubertus Hasenbrot und seiner Familie ergangen war. Sie berichteten, dass der Jäger schon am frühen Morgen überall an den Trampelpfaden und Kreuzungen Wegweiser aufstellte. Resa sagte: „Für viele wird es nun leichter, sich im Wald zurechtzufinden. Für dich hat er die Namen auf die Hinweisschilder geschrieben und für uns Tiere zusätzlich schöne Bilder gemalt.“ Dann fing Resa an zu lachen und fuhr fort: „Du glaubst gar nicht, wie lustig er dich und deine Wohnung gemalt hat. Der Jäger braucht eine Brille, denn deine Nase ist doppelt so groß, wie in Wirklichkeit.“

Duftnäschen war neugierig geworden und wenige Augenblicke später saß die kleine Hexe bei Resa auf den Schultern und summend flogen sie zum Jäger. Sie landeten vor ihm auf dem Wegweiser zum Bibersee.

Hubertus Hasenbrot freute sich sehr über diesen Besuch. Er sagte fröhlich: „Ihr kommt genau im richtigen Moment zu mir, denn ich wollte gerade eine Pause machen.“

Duftnäschen sagte ihm: "Wir haben dich gesucht, weil wir zum Mittsommernachtsfest noch einige gute Ideen brauchen. Du kannst ja mal mit deiner Familie überlegen, wie wir für alle Tiere etwas Besonderes anbieten können. Wir haben uns für dich auch eine Überraschung überlegt. Der längste Tag im Jahr soll in Zukunft Hubertustag*[20] heißen."
Der Jäger sagte: „Ich glaube, dass ich so viel Ehre gar nicht verdient habe. Für das Fest habe ich schon zwei Wegweiser angebracht und dieses Schild hier werde ich am See aufstellen." Er holte ein Brett zwischen den anderen Schildern hervor. „Festwiese" war darauf zu lesen und daneben befand sich ein Bild mit tanzenden Mäusen und Kaninchen.
Resa fragte, ob er selber so schön malen könnte. Hubertus schüttelte den Kopf und Duftnäschen übersetzte, dass seine Frau Vanessa die Bilder gemalt hatte. Dann vereinbarte die kleine Hexe mit Hubertus, dass er am 21. Juni pünktlich um zwölf Uhr am Bibersee sein sollte. Mit Vanessa und Viola und einem Wagen voller auserlesener Leckereien.
Dann wollte Duftnäschen noch zur Blattlauskolonie. Tatsächlich hatten die Marienkäfer einen großen Teil der Honigtau-Lieferanten für sich in Besitz genommen. Eine erhebliche Anzahl der Blattläuse war aber noch bei den Ameisen geblieben. Um den Streit zu schlichten, machte Duftnäschen den beiden Anführern einen Vorschlag. Jede Partei sollte soviel Honigtau ernten können, wie sie unbedingt benötigte. Das war jeweils die Hälfte dessen, was jeder derzeit erhielt. Um die andere Hälfte sollte im sportlichen Wettbewerb gekämpft werden. „Wir werden am Hubertustag eine Segelregatta austragen. Dann könnt ihr um die wette segeln und damit den Streit entscheiden. Alle Tiere werden zusehen, damit keiner mogeln kann." Damit waren die Streithähne einverstanden.
Die drei Freundinnen besuchten am Nachmittag noch viele Nachbarn und erinnerten alle an das Fest zur Sommersonnenwende.
Beim Abschied sagte die kleine Hexe: „Ich habe noch ein paar Bekannte eingeladen. Vielleicht erleben wir bei der Feier noch eine Überraschung. Mehr verrate ich euch heute aber nicht."
Nachdem Resa und Bambelbi wieder fort waren, las Duftnäschen noch einmal in aller Ruhe die beiden Briefe. Dann richtete sie in ihrer Wohnung

Schlafplätze ein. Es könnte ja sein, dass ihre Mutter zu Besuch käme und vielleicht sogar noch jemanden mitbrachte...

Überraschungsgäste

Bei den Vorbereitungen für den Hubertustag halfen alle fleißig mit. Die Festwiese wurde für jede Tierart hergerichtet. Am neuen Ufer des Bibersees entlang trampelten die Rehe und Hasen eine Strandpromenade. Für die kleinen Käfer und Ameisen klopfte Fidel Castor mit seinem breiten Schwanz mehrere runde Plätze ganz platt und eben. Man konnte glauben, eine Straßenbaumaschine hätte ihm dabei geholfen.

Hubertus Hasenbrot hatte drei Futterkrippen am Rande der Uferpromenade aufgestellt und zusätzlich auf dem Festplatz bunte Hinweisschilder angebracht.

Er fertigte aus Schilfblättern zwölf Regattaboote an. Ganz einfach zog er die Blattspitze durch einen kleinen Ritz in der Mitte des Blattes hindurch. So entstanden wie von selbst das Segel und das Schwert der kleinen Schiffchen. Ein Mast war bei dieser Bauweise gar nicht nötig.

Sowohl die Ameisen als auch die Marienkäfer hatten Segelmannschaften aufgestellt. Das Steuern mit dem kleinen Ruder am Ende der Boote war schnell gelernt. Nur das Wenden in eine neue Richtung klappte noch nicht so recht.

Aus großen Schilfblättern fertigte der Jäger auch noch Rutschen. Einige Schnecken mussten mehrmals hoch und runter kriechen, damit sie auch schön glatt waren.

Schaukeln und Klettergerüste wurden in verschiedenen Größen aufgestellt. Für die Tiere, die sich mal so richtig erschrecken wollten, buddelten die Maulwürfe eine Gruselhöhle.

Die Ringelnattern hatten am Ufer einen Wasserskiverleih eingerichtet. Für die ganz Mutigen hatte Hubertus runde Holzstäbe mitgebracht. Diese

konnten von den Schlangen oder auch von den Enten und den Bibern gezogen werden. Dabei bestand die Gefahr, dass man bei schneller Fahrt ins Wasser fiel.
Der Jäger hatte aber auch an sich selber gedacht und einen nagelneuen Hochsitz aufgebaut. Von dem aus hatten er und seine Familie einen wunderschönen Rundblick über den See und die Landschaft rund um die Waldwiese. Hier war auch der Start- und Landeplatz für die Vögel und Insekten. Zu Beginn der Feier wollten sie eine Flugschau zeigen.
Seine Frau Vanessa hatte Fahnen genäht auf denen fünf ineinander verschlungene Ringe zu sehen waren. Jeder dieser Ringe war in einer anderen Farbe gemalt. Sie sollten zeigen, dass alle Tierarten mit der Jägerfamilie Freundschaft geschlossen hatten. Grün stand für die Schlangen, Frösche und Eidechsen, rot war die Farbe der Insekten und blau wie der Himmel der Ring der Vögel. Für die Säugetiere hatte Vanessa sich braun ausgedacht. Und für ihre Familie sollte gelb wie die Sonne stehen. Gelb war Violas Lieblingsfarbe.
Die Zeit verging wie im Flug. Duftnäschen hatte sich richtig an den Gedanken gewöhnt, dass ihre Mutter und Wuschelhaar zur Feier kommen würden. Als ihr Besuch am Morgen des Festtages immer noch nicht da war, wurde die kleine Hexe jedoch sehr traurig.
Vielleicht wollten sie gar nicht kommen. Oder war ihnen unterwegs sogar etwas zugestoßen? Das Grübeln half nichts. Als sie sich dann zum Festplatz auf den Weg machte, wollte trotz des herrlichen Wetters keine rechte Feierstimmung in ihr aufkommen.
Viola war die erste, die Duftnäschen entgegenlief und zu sich auf die Schulter nahm. Fröhlich hüpfte und sprang das kleine Mädchen mit Duftnäschen Hubertus und Vanessa entgegen. Diese hatten gerade alle Hände voll damit zu tun, das viele Futter aus ihrem Wagen auf die Futterkrippen zu verteilen. Die bunten Fahnen wehten im leichten Sommerwind. Der stolze Georg Capreolus probierte, in welcher Stellung er bei der Festrede wohl am besten aussehen würde.
Resa, Bambelbi und Polli kamen nur ganz kurz zu Viola und der kleinen Hexe, um Duftnäschen zu begrüßen. Sie wollten nämlich mit ihren Schwes-

tern bei der Flugschau mitmachen. Sofort kehrten sie wieder zum Startplatz auf dem Jägerstuhl zurück.
Und dann war es endlich so weit. Georg Capreolus gab den Spechten Martius und Picusine Wudpecker ein Zeichen. Gleich darauf trommelten die sechs Schwarzspechte kräftig an den Stamm der alten Kiefer. Alle Anwesenden waren sofort ruhig.
Laut ertönte die Stimme des stolzen Rehbocks: „Ihr alle habt dazu beigetragen, dieses Fest möglich zu machen. Es soll uns daran erinnern, dass Duftnäschen zu uns gekommen ist. Sie hat es geschafft, dass wir alle zusammen Freunde geworden sind. Sogar der Jäger und seine Familie. Hubertus Hasenbrot mit seinem Scharfsinn und Picapica mit ihrer Liebe zu glitzernden Metallen haben uns alle reich gemacht. Von nun an wollen wir einmal im Jahr zum Sommeranfang dieses Ereignis feiern und für einen Tag alle Sorgen vergessen. Es ist etwas ganz Seltenes und Besonderes, dass ein Mensch eine so nahe Freundschaft mit uns Tieren geschlossen hat. Darum soll dieses Mittsommernachtsfest in Zukunft Hubertustag heißen." Er drehte sein Gehörn hin und her und schaute alle Anwesenden freundlich an, dann rief er:
„Die Feier zum Hubertustag ist eröffnet!"
Gleich darauf ertönte noch einmal das Getrommel der Wudpeckers und dann riefen alle: „Es lebe Hubertus! Er lebe hoch!"
Anschließend starteten vom Hochsitz aus die Luftakrobaten. Zu Beginn sah man am Himmel nur ein heilloses Durcheinander von Schmetterlingen, Hummeln, Libellen, Käfern und vielen kleinen Vögeln. Der riesige Schwarm dieser farbenprächtigen Flugkünstler überquerte einige Male die Köpfe der Zuschauer. Die unzähligen Flügel flimmerten bunt im

Sonnenschein. Plötzlich hörte man wieder das Trommeln der Spechte. Wie von Zauberhand geführt bildeten alle Vögel einen großen Kreis über der Festwiese.

Dann formierten sich mitten darin die blauen Prachtlibellen zu einem Ring. In diesen hakte sich nacheinander ein Kreis aus gelben Zitronenfaltern und ein weiterer aus roten Marienkäfern ein. Gleichzeitig verknüpfte sich auf der anderen Seite ein Kreis aus braunen Hummeln mit dem prächtig blauen Ring der Libellen. Ein grüner Kreis aus Schmetterlingen, die ein frisches Birkenblatt trugen, vollendete das Bild. Es waren die miteinander verschlungenen Ringe, die sich auf den Fahnen der Festwiese wiederfanden.

Eine ganze Minute lang sahen die staunenden Besucher dies wunderschöne Zeichen über ihren Köpfen. Ein riesiger Applaus belohnte alle. Mit einem erneuten Trommelwirbel beendeten die Spechte diesen ersten Teil des Festprogramms. Die vielen Mitwirkenden flogen in alle Richtungen auseinander. Nur die Hummeln blieben auffällig dicht beisammen. Der ganze Schwarm flog brummend zu Hubertus Hasenbrot, seiner Familie und Duftnäschen.

Der kleinen Hexe wäre beinahe das Herz stehen geblieben, als sie bemerkte, wer sich zwischen die Hummeln gemogelt hatte. Neben Resa und Bambelbi landeten ihre beiden Cousinen Brummi und Stummel bei Duftnäschen auf Violas Schoß. Und beide hatten auf ihren Schultern einen Gast mitgebracht: Bonbonbon und Wuschelhaar! Resa war die erste, die etwas sagen konnte: „Na, Dufti, da staunst du, was?“ Die kleine Hexe war ganz durcheinander. Sie nahm ihre Mutter in die Arme und dabei weinte sie vor Freude und Erleichterung. Dann schaute sie Wuschelhaar in die Augen, der verlegen „Hallo, Duftnäschen“ sagte. Seine Wangen färbten sich ganz rot. Duftnäschen dachte an den lieben Brief. Sie konnte ihn fast auswendig. Ohne sich weiter um die anderen zu kümmern, hüpfte sie zu ihm. Sie nahm ihn in ihre Arme. „Mein Wuschelhaar,“ flüsterte sie ihm ins Ohr, „ich bin ja so froh, dass du da bist. Ich habe gar nicht gewusst, dass du mir so sehr fehlst.“

Vor lauter Freude hätten die beiden fast vergessen, dass sie sich alle auf Violas Schoß befanden. Glücklich sagte sie: „Das ist Wuschelhaar Obertaler. Ein Nachbar aus meiner Heimat. Ich habe ihn zum Fest eingeladen.“

Viola war sehr verlegen und mochte sich gar nicht bewegen, weil diese vielen kleinen Wesen auf ihren Beinen herumkrabbelten. Sie staunte, dass es außer der kleinen Hexe noch mehr von diesen wundersamen Zwergen gab. Bonbonbon sagte zu ihr: „Hallo, Viola, ich bin Duftnäschens Mama. Ich weiß auch schon, dass du ein liebes Mädchen bist. Die Hummeln haben mir erzählt, dass Duftnäschen bei dir zu Besuch war.“ Viola fragte, wie lange die beiden Zwerge bei Duftnäschen bleiben würden. Doch darauf bekam sie keine eindeutige Antwort. Erst einmal wollten sie so lange bleiben wie die Hummeln Stummel und Brummi Urlaub hatten.

Bambelbi sagte zur kleinen Hexe: „Deine Mama hat genau so gute Ideen wie du. Sie war es, die sich die Flugschau ausgedacht hat. Gestern hat sie den ganzen Tag mit uns gemeinsam geübt. Brummi und Stummel sind nämlich schon gestern Morgen bei uns angekommen. Wir wollten dich überraschen.“

Regina, die Königin sagte: „So, nun haben wir uns lange genug begrüßt. Ich habe Hunger und möchte noch etwas von dem Fruchtsirup mit Vanillegeschmack abbekommen. Und die Rutsche möchte ich auch einmal ausprobieren. Auf geht’s.“ Ihr Wunsch war für die Hummeln natürlich wie ein Befehl.

Wuschelhaar wäre am liebsten mit Duftnäschen alleine über den Festplatz gegangen, aber Bonbonbon hätte dafür vielleicht kein Verständnis gehabt. So gingen sie zu dritt über die Wiese, beim Start der Regatta wollten sie sich wieder mit den Hasenbrots am See treffen.

Überall an den Futterkrippen hörte man genüssliches Schmatzen und Grunzen. Die ersten größeren Tiere waren sogar schon satt. Sie wanderten zum Waldrand, um sich im Schatten auszuruhen.

An den Schaukeln, Rutschen und vor der Gruselhöhle hatten sich lange Warteschlangen gebildet. Am Seeufer klatschten viele Zuschauer Beifall, wenn beim Wasserski Kunststücke gezeigt wurden.

Ab und zu fasste Wuschelhaar Duftnäschens Hand und drückte sie zärtlich. Er war erleichtert, dass die kleine Hexe seinen Brief kannte und nun wusste, wie lieb er sie hatte. Wie hatte er sich danach gesehnt, endlich mit ihr zusammen zu sein.

Wasserski und Segelboote

Als sie am Bootssteg ankamen, rief Nati Natrix schon von weitem: „Hallo Duftnäschen, ich möchte mit dir Wasserski fahren. Ich habe schon auf dich gewartet." Einen Moment hatte die kleine Hexe Angst, auf so einem winzigen Brettchen zu stehen und sich an einem Faden von der großen Schlange ziehen zu lassen. Wuschelhaar machte ihr Mut. Es war sehr warm und sie freute sich über die günstige Gelegenheit, ihren neuen, roten Bikini zu zeigen.
Die Ringelnatter Nati Natrix ging sehr behutsam mit der kleinen Hexe um. Ganz langsam steigerte sie das Tempo. Zwischendurch fragte sie, ob Duftnäschen noch fest auf dem Brett stand. Auf einmal machte es der kleinen Hexe wirklich Spaß. Sie hatte das richtige Gefühl für diese Sportart und steuerte geschickt große und kleine Schleifen. Dann stellte sie sich zu Wuschelhaars Überraschung auf ein Bein oder fasste das Zugseil nur mit einer Hand. Ja, sie schaffte sogar kleine Sprünge mit dem Brett!
Als sie wieder am Strand landeten, klatschten die Zuschauer vor Begeisterung. Glücklich setzte sich Duftnäschen neben Wuschelhaar und Bonbonbon in die warme Sonne und sagte: „Ich hätte nie gedacht, dass Wassersport so schön ist. Ich glaube, wir werden in Zukunft häufiger mit den Ringelnattern hier am See unseren Spaß haben." Ein ganz bisschen komisch war ihr: Sie merkte, dass sie „wir" gesagt hatte. Dabei sah sie ihren Wuschelhaar zärtlich an.
Ganz unvermittelt sagte sie: „Wenn ihr wollt, können wir noch vor dem Abendbrot eure Sachen zu mir bringen. Ich habe nämlich extra für meine

Gäste Platz gemacht." Der kleine Zwerg war sofort dafür und Duftnäschens Mutter sagte: „Du hast recht, wir sind ja bei dir eingeladen. Wir sollten die Gastfreundschaft der Hummeln nicht ausnutzen. Am besten holen wir gleich nach der Regatta unser Gepäck."

Sie gingen zur Met-Bar, an der sich viele Hummeln den Honigwein gut schmecken ließen. Stummel und Brummi hatten nichts dagegen, die beiden Besucher gegen Abend zum Bombusberg und dann zu Duftnäschens Wohnung zu fliegen. Resa, Bambelbi und Polli waren lustig und ausgelassen. Sie luden die drei Winzlinge zu einem Rundflug ein, um dann mit ihnen gemeinsam von der Rutsche zu sausen.

Wuschelhaar und Duftnäschen waren sofort dafür. Für alle war es ein Riesenspaß, Runden zu fliegen und dann direkt auf der Rutschbahn zu landen. In einem Affenzahn ging es die glitschige Bahn hinunter.

Resa sagte ganz außer Puste zur kleinen Hexe: „Ich hätte gar nicht gedacht, dass du so schwer bist. Hast du vielleicht zugenommen?" Aber da mussten doch alle lachen. Polli meinte, dass Resa wohl schon ein Gläschen Met zuviel getrunken hätte.

Der Start der Regatta rückte näher und Duftnäschen wollte mit Wuschelhaar unbedingt dabei sein.

Am See hatten sich mittlerweile zwei große Fan-Gruppen eingefunden. Mindestens hundert Marienkäfer saßen am Ufer und riefen laut: „Marie! Marie!" Und dabei erhoben sie sich alle gleichzeitig, öffneten und schlossen ihre Flügel gleichmäßig im Takt der Anfeuerungsrufe. Alle paar Minuten wiederholten sie dieses Spiel. Ein paar Meter davon entfernt schwenkten mehr als tausend Ameisen kleine Fähnchen aus einer Kiefernnadel und einem Blütenblatt vom Gänseblümchen. Dazu riefen sie alle wie aus einem Munde: „Ami siegt! Ami siegt!"

Beide Mannschaften mussten eine Runde um eine Fahnenstange segeln. Hannes Schwarzbart saß als Aufpasser darauf, damit auch wirklich alle Boote um die Stange herumfuhren.

Hubertus Hasenbrot kontrollierte noch einmal die Startlinie. Dann gab er den Startschuss. Er hatte dazu eine Brötchentüte aufgeblasen und dann kräftig mit der Hand darauf geschlagen. Sein Gewehr wollte er nämlich

nicht mehr benutzen. Der Knall der Tüte war jedoch fast genau so laut. Einige Tiere erschraken sich mächtig und schauten ängstlich zu ihm herüber.
Die Regatta verlief in ziemlich ruhigen Bahnen. Bei dem wenigen Wind kamen die Boote nur langsam voran. Die Fans steigerten sich mit ihren Anfeuerungsrufen und ihren regelmäßigen Bewegungen in Höchstform. Einige Zuschauern riefen mal mit der Gruppe der Ameisen gemeinsam „Ami siegt“, anschließend aber genau so kräftig „Marie, Marie“.
Ein kräftiger Igel setzte sich neben einen Hasen und sagte: „Bei diesem Spiel bekommt man so richtig Lust, sich auch mal wieder mit jemanden zu messen. Du bist doch ein schneller Läufer. Ich würde gerne mal mit dir um die wette laufen.“ Meister Lampe guckte die Stachelhaut mitleidig an und antwortete: „Dir laufe ich allemal davon.“ Noch beim Sprechen bekam er auf einmal ein mulmiges Gefühl. Plötzlich erinnerte er sich an die Worte seines Großvaters, der ihn eindringlich gewarnt hatte, mit einem Igel um die wette zu laufen. Der Hase wusste aber nicht mehr, warum. Schnell sagte er: „Wettläufe mache ich schon lange nicht mehr. Ich hole mir jetzt noch ein paar Karotten von der Futterkrippe.“ „Schade,“ sagte der hinterlistige Igel. „Ich hätte dir gerne einmal gezeigt, wer hier der schnellste Läufer ist.“
Der Wind hatte gegen Abend etwas zugenommen. So näherten sich die Regattaboote wieder schneller der Ziellinie. Die Marienkäfer versuchten nun sogar mit ihren Flügeln zusätzlichen Wind zu machen. Die Ameisen zogen das ins Wasser hängende Teil des Blattes nach oben und vergrößerten so die Segelfläche. Es blieb spannend bis auf den letzten Zentimeter. Aber so viel sie auch rechneten und die Einlaufzeiten verglichen. Das Rennen war genau unentschieden ausgegangen! Alle Teilnehmer waren ohne eine Ausnahme bis zur letzten Minute mit vollem Einsatz dabei gewesen. Nun mussten sich die Marienkäfer wie die Ameisen damit abfinden, dass ihnen weiterhin genau die Hälfte der Honigtau-Lieferanten gehörte.
Duftnäschen übersetzte die klugen Worte des Jägers Hubertus. Er übernahm die Siegerehrung: „Es gibt keine Verlierer. Beide Parteien haben

die Hälfte der aufzuteilenden Blattlauskolonie gewonnen. Beide Mannschaften haben für ihr Volk einen Sieg errungen. Weil alle so tapfer gekämpft haben, bekommt jede Mannschaft einen großen Topf Honig. Das ist mehr, als alle Blattläuse in einem Jahr liefern."

Langsam beruhigten sich die Gemüter und das Fest verlief weiter in lustiger Feierstimmung.

Die kleine Hexe, ihre Mutter und Wuschelhaar flogen mit Stummel, Brummi und Resa zum Bombusberg. Das Hummelnest war leer. Alle Bewohnerinnen waren noch auf der Feier.

Die Sachen waren schnell zusammengepackt. Wenige Minuten später landeten alle in Duftnäschens Wohnung. Die Hummeln flogen sofort wieder zur Festwiese. Sie versprachen aber, in einer Stunde zurück zu kommen.

So schön und so groß hatten sich Bonbonbon und Wuschelhaar die Höhle nicht vorgestellt. Die Einrichtung begeisterte den kleinen Zwerg so sehr, dass er Duftnäschen ganz aufgeregt fragte: „Wie hast du das alles in so kurzer Zeit fertig gebracht? Du hast die schönste Wohnung, die ich je gesehen habe!" Er ging zum Eingang und schaute die Treppe hinunter. Dann fuhr er fort: „Vor der Wohnung kann man einen wunderschönen Garten anlegen. Mit roten Fingerhüten neben der Treppe und Lavendel auf der anderen Seite des Buchenstammes."

Duftnäschen ging zu ihm, fasste ihn an beide Hände und drückte sie zärtlich. Dann sagte sie: „Wenn du möchtest, kannst du für immer hier bleiben. Den Garten darfst du dann so einrichten, wie es dir gefällt."

Wuschelhaar schaute verlegen in die Wohnung nach Bonbonbon. Doch die packte gerade ihre Sachen aus. Mit klopfendem Herzen sagte der kleine Zwerg: „Dufti, wollen wir beide für immer zusammenleben? Möchtest du meine Frau werden?" Seine erröteten Wangen verrieten Duftnäschen, wie sehr er sie mochte. „Ja, mein Wuschel, ja, ja, ja," sagte sie. Und dann nahmen sie sich fest in die Arme.

Als Bonbonbon zu ihnen kam, sagte Wuschelhaar: „Duftnäschen und ich wollen von nun an zusammen leben. Ich liebe deine Tochter und werde immer für sie da sein. Wenn du nichts dagegen hast, werde ich in Zukunft

Mama zu dir sagen.“ Duftnäschen strahlte: „Ich bin ja so glücklich, ich werde heute die ganze Nacht nur mit meinem Wuschel tanzen. Alle sollen sehen, dass wir von nun an zusammen gehören.“
Und so kam es, dass alle Tiere den Eindruck hatten, dass die Feier zum Hubertustag in Wirklichkeit die Hochzeitsfeier der kleinen Hexe Duftnäschen mit ihrem Wuschelhaar Obertaler war.

ENDE

Hexenküche

Wildblumen-Kapern

Blumenknospen von Sumpfdotterblume (geschützt!), Kapuzinerkresse, Gänseblümchen, Löwenzahn oder Scharbockskraut können als falsche Kapern eingemacht werden. Die Knospen abwaschen und mit Salz bestreuen. Einige Stunden stehenlassen, dann in siedendes Wasser werfen und ein paarmal darin aufwallen lassen. Abtropfen lassen, in Gläser geben und mit kochendem Essig übergießen. Man kann in die Gläser zusätzlich (nach dem Aufkochen) auch einige Pfefferkörner, geschabten Meerrettich und Estragon dazwischen legen.

Kräuterbutter

Eine Kräuterbutter aus Wildkräutern kann je nach verwendetem Kraut sehr unterschiedlich schmecken - einfach mal ausprobieren! Dufti gefällt besonders gut Kräuterbutter mit Scharbockskraut oder Knoblauchsrauke (vor der Blüte sammeln).
Für die Herstellung Butter schaumig rühren (sie ist dann lockerer), die gewaschenen und gut abgetrockneten, gehackten Kräuter untermischen, evtl. leicht salzen - fertig. Man kann auch milde Kräuter wie Vogelmiere verwenden und mit anderen Kräutern wie z.B. Gundermann würzen - der Kreativität neuer Mischungen sind keine Grenzen gesetzt!

Veilchenessig

Eine Hand voll Veilchenblüten (ca. 15 g) etwa eine Woche in 0,7 l bestem Weinessig ziehen lassen, dann in eine gut verschließbare Flasche seihen. Die Veilchen entwickeln ihren Wohlgeschmack nur in Weinessig, in Obstessig schmecken sie nicht. Der violette Essig ist ein toller Blickfang.

Löwenzahnsirup

3 bis 4 gehäufte Hände voll Löwenzahnblüten in 2 Liter Wasser gut kochen lassen, abseihen und in den heißen Saft 1 ½ kg Zucker und den Saft von 2 Zitronen einrühren. Unter ständigem Umrühren die Flüssigkeit so lange kochen, bis sie beginnt dicklich zu werden (zur Probe ab und zu einen Tropfen auf einen Löffel o.ä. geben und erkalten lassen). Den Sirup in weithalsige Flaschen füllen. Der Sirup ist geschmacklich von Honig kaum zu unterscheiden.

Brennessel-Samen

Die weiblichen Brennessel-Pflanzen bilden sehr nahrhafte und leckere Fruchtstände aus, die man über Müsli streuen, in Brot einbacken oder rösten kann. In Butter mit etwas Salz und Pfeffer knusprig gebraten schmecken sie sehr gut auf Fisch, über Salate ...

Die Blätter der Brennessel sind für Wildkräutergerichte sowie in Butter, Quark usw. gut geeignet. Das Brennen verliert sich durch kräftiges Hacken, Kochen oder Trocknen.

Suppe aus Nelkenschwindlingen

Eine große Zwiebel wird in Würfel geschnitten und in 30g Butter 3 Minuten angebraten. Dazu gibt man 250g gewürfelte Nelkenschwindlinge und etwa die gleiche Menge frische Champignons und lässt alles fünf Minuten weiterbraten. Dann werden 30g Mehl (zwei Esslöffel) hinzugefügt und nach weiteren 5 Minuten mit 1 Liter heißer Fleischbrühe vermischt. Das ganze lässt man 15 Minuten kochen. Mit Salz, Zitronensaft, fein gehackter Petersilie und Pilzpulver wird abgeschmeckt. Am Ende 50 g frische Sahne in die Suppe geben und sofort servieren.

Gebratene Goldröhrlinge

500g Goldröhrlinge oder Butterpilze sorgfältig waschen und nach dem Abtropfen in Scheiben schneiden. 1 große Zwiebel und ca. 80g durchwachsenen Speck würfeln und in einer Pfanne glasig dünsten (3-4 Minuten). Pilze hineingeben und 15 Minuten zugedeckt gar dünsten. 1 Esslöffel Mehl mit etwa 150g saurer Sahne (oder Crème fraiche) im Becher verquirlen und unter Rühren in die Pilze geben. Kurz aufkochen lassen, reichlich gehackte Petersilie dazugeben und mit Salz, Pfeffer und edelsüßem Paprika abschmecken. Dazu gibt es Toastbrot mit Kräuterbutter (siehe oben).

Johanniskrautsalbe:

30 g Sonnenblumenöl, 3 g Bienenwachs, Johanniskrautblüten und Blätter

Die Johanniskrautblüten und Blätter kleinschneiden. Zusammen mit dem Öl in einem Topf erwärmen bis Bläschen aufsteigen. 10 Minuten vorsichtig unter Rühren weiter erhitzen (Vorsicht: Das Öl darf nicht zu heiß werden, sonst „fritieren"

die Kräuter). Durch ein Gazetuch pressen, um die Pflanzenteile zu entfernen und das Öl wieder in den Topf geben. Das Bienenwachs nach und nach zugeben und schmelzen lassen, dabei ab und zu die Festigkeit prüfen. Die Salbe ist gut, wenn sie auf einem kalten Löffel schnell fest wird. Die Salbe warm in ein Gefäß abfüllen und mit einem Küchentuch abgedeckt erkalten lassen, um Kondenswasserbildung zu vermeiden; nach dem Erkalten mit Deckel verschließen und beschriften.
Anwendung: Als „Wundsalbe" bei schlecht heilenden Wunden, Sonnenbrand und zur Hautkühlung. Vorsicht: Nicht bei offenen Wunden anwenden!

Hexenwerkstatt

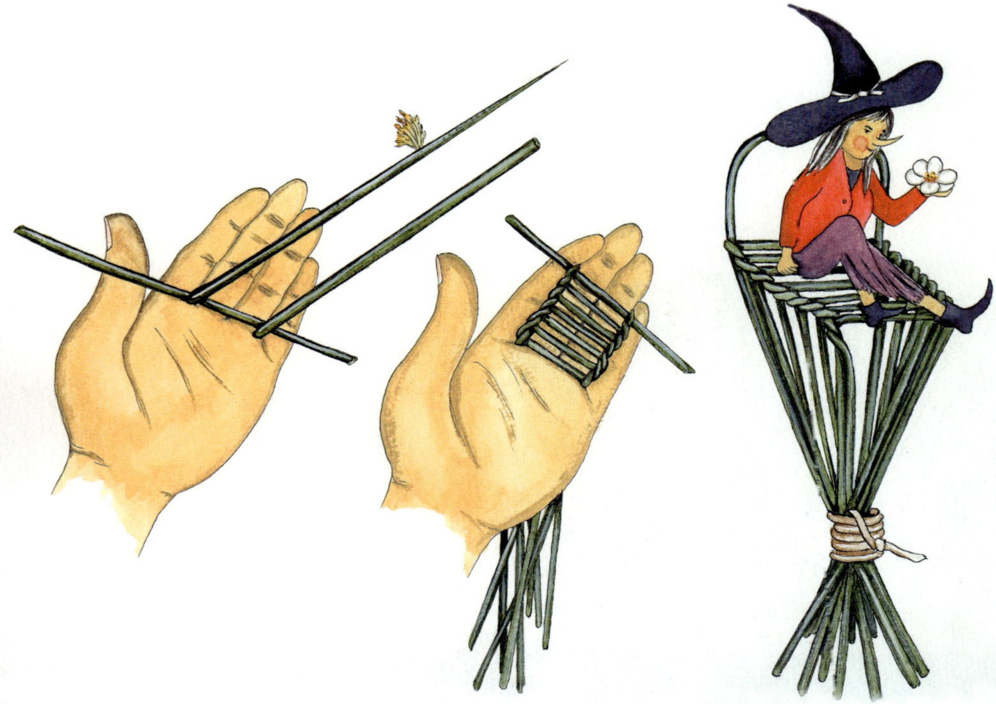

Jägerstuhl aus Binsen

Man benötigt etwa 8-10 ca. 50 cm lange Binsenhalme, die man leicht am Seeufer oder feuchten Stellen an Gräben und Flüssen oder im Moor findet.
Der erste Halm wird zwischen dem Zeige- und Mittelfinger und dem kleinen und Ringfinger von aussen nach innen geführt, so dass beide freien Enden etwa gleich lang aus der Handfläche nach innen herausragen. Dann legt man den zweiten Halm oben auf die beiden Enden des ersten Halmes und knickt diese über den Halm nach aussen zwischen die Finger. Jetzt sind die Enden des ersten Halmes hinter der Handfläche und

der zweite Halm wird dadurch an der Vorderseite festgehalten. Nun legt man den dritten Halm genau vor den nach unten gebogenen ersten Halm und biegt die beiden freien Enden des zweiten Halmes nach hinten zwischen die Finger, so dass nun vier Enden der ersten und zweiten Binse hinter dem Handrücken herausragen.
Wie beim dritten Halm legt man nun nacheinander insgesamt 6-8 Halme vor die weggeknickten Biegungen und führt die Enden zwischen den Fingern hindurch nach hinten. Dann lockert man den ersten Halm soweit, dass die Hand leicht herausgezogen werden kann. Der frei werdende Bogen wird nun wie von selbst zur Stuhllehne. Dann fasst man das freie Bündel der Binsenhalme, dreht in der Mitte ein Bändchen oder eine Binse um die Stengel und schneidet danach die freien Enden gleichlang ab. Nun kann man den „Jägerstuhl" hinstellen und darauf warten, dass sich Duftnäschen oder ein Schmetterling darauf niedersetzt.

Pfeife aus Weidenzweigen

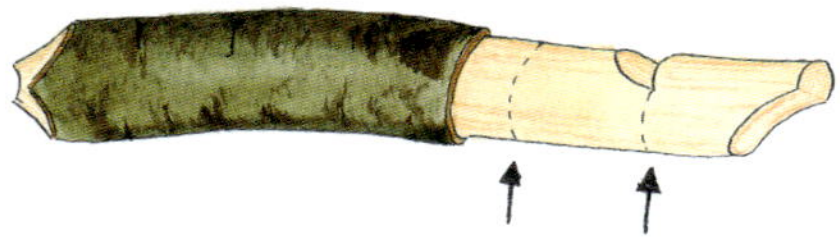

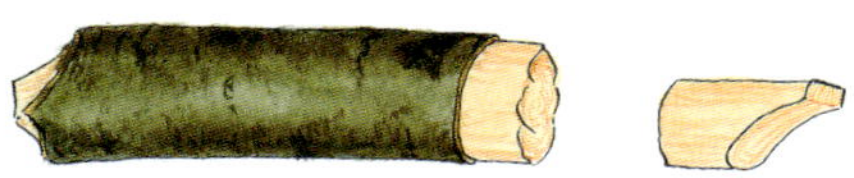

Ein etwa 20 cm langer, daumendicker Weidenzweig wird an einem Ende zu einem Mundstück zurechtgeschnitten und oben wie auf der Abbildung eingekerbt. Dann wird die Rinde in der Mitte des Stabes rundherum eingeschnitten und danach die Seite mit dem Mundstück mit dem Schaft des Messers vorsichtig beklopft, bis sich die Rinde mühelos in einem Stück abziehen lässt.
Jetzt wird der Stab an den gestrichelten Stellen (Pfeile) durchgeschnitten und die Rundung am Mundstück oben flach entfernt. Steckt man nun die Teile wieder zusammen, bleibt in der Mitte ein Hohlraum, den man vergrößern kann, wenn die Rinde nicht ganz zusammengeschoben wird.
Wenn der Hohlraum die richtige Größe hat, kann man durch einfügen einer Erbse aus der Flöte eine Trillerpfeife machen.

Geübte Bastler können auch mehrere Löcher in einen längeren Zweig einarbeiten und erhalten eine „Blockflöte".

Knallrohr aus Holunderzweigen

Ein etwa daumendicker, 15-20 cm langer Holunderzweig wird an beiden Seiten spitz zugeschnitten und das Mark sorgfältig mit einem kräftigen Draht entfernt, bis man ein „Blasrohr" erhält, mit dem man Erbsen sehr weit schießen kann. In einen zweiten Zweig wird ein geschnitzter Stock gesteckt, der die Länge und Dicke der Höhlung des Blasrohres haben sollte. Dieser zweite Zweig muss eine „Rosette" von alten Blattstengeln enthalten, da hier im Rohr eine Engstelle ein Durchstoßen des Stockes verhindert. Damit ist das Knallrohr fertig. Nun schneidet man eine rohe Kartoffel in nicht zu dicke Scheiben (wie bei dicken Bratkartoffeln) und sticht mit den beiden Enden des Blasrohres kleine Pfropfen heraus, die im Rohr stecken bleiben. Schiebt man nun mit dem Stab von der einen Seite den Pfropfen in das Rohr, wird die Luft zusammengepresst und plötzlich fliegt der andere Pfropfen mit einem Knall heraus. Mit einiger Übung kann man weit und laut damit schießen.

Knaller aus Bäckertüten

So wie die Segelregatta im Buch gestartet wurde, so kann man diesen Startschuß leicht mit einer beliebigen Papiertüte selber wiederholen. Dazu bläst man einfach mit dem Mund Luft in die Tüte, hält die Öffnung mit der einen Hand zu und schlägt kräftig mit der anderen Hand auf die Tüte. Es ist schon erstaunlich, wie laut so eine „Knalltüte“ kracht.

Segelschiffe aus Schilf- oder Lilienblättern

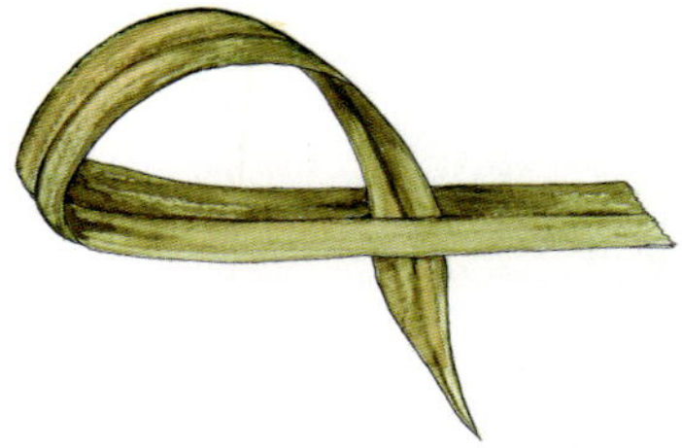

Ein möglichst langes Schilf- oder Lilienblatt wird mit einem scharfen Messer etwa 2-3 cm eingeritzt. In diese Kerbe zieht man dann das spitze Ende des Blattes, das als Schwert dient. Wenn man eine Segelrichtung vorgeben will, kann man am Ende ein kleines Stück eines Blattes in eine kleine Einkerbung stecken. Das Blatt dient dann als Steuerruder.